LES CAMPAGNES

DU

COMTE DERBY

EN GUYENNE

Extrait des *Actes de l'Académie impériale des Sciences, Belles-Lettres et Arts de Bordeaux.*

LES CAMPAGNES

DU

COMTE DERBY

EN GUYENNE

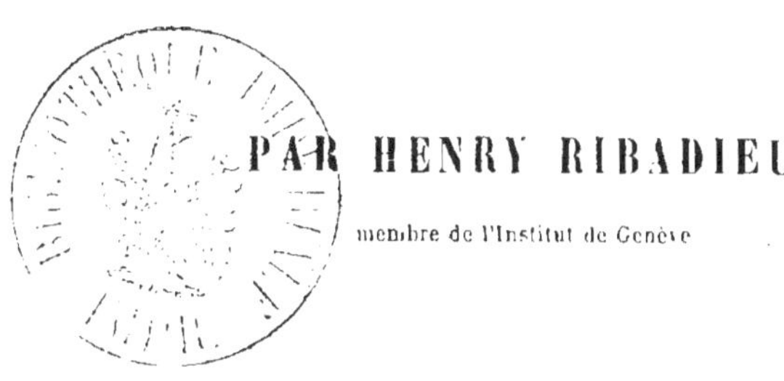

PAR HENRY RIBADIEU

membre de l'Institut de Genève

Ouvrage couronné en 1863 par l'Académie de Bordeaux

PARIS

E. DENTU, LIBRAIRE-ÉDITEUR

PALAIS-ROYAL, 17 ET 19, GALERIE D'ORLÉANS

—

1865

Bordeaux. — Imp. G. Gounouilhou, rue Guiraude, 11

LES

CAMPAGNES DU COMTE DERBY

EN GUYENNE.

« On se pourroit bien émerveiller en pays loingtain et » estrange, du noble royaume de France, comment il est situé » et habité de cités, de villes et de chasteaux, en si grand'- » foison que sans nombre. Car bien autât ès loingtaines » marches, en y a grand'planté, et de forts, comme il y a au » droit cueur de France. Vous en trouverez, en allant de la » cité de Toulouse à la cité de Bordeaux, que je vous nom- » meray, séans sur la rivière de la Garonne (qu'on appelle » Gironde à Bordeaux), premierement Laugurant, Rions, » Cadilhac, Bangou, Sainct-Macaire, Chastel en Dorthe, » *Caudroch*, Gironde, la Rulle-Millant, Saincte-Basille, » Marmande, Caumont, Tennus, Lemnas, Dagenes, Montour, » Agillon, Thouars, le Port-Saincte-Marie, Clermont, Agen, » Ambillart, Chastel-Sarrazin, le Hédo, Verdun et Belle- » Mote...... » (FROISSART, vol. III, p. 75.)

« Puis chevauchèrent les François outre, devant une autre » bonne ville fermée : qui sied entre Saint-Macaire et la Riole, » et a nom *Auberoche*. » (FROISSART, vol. II, p. 8.)

Une ville, que tous les historiens, sans en excepter les plus érudits, et M. Henri Martin lui-même, ont appelée *Auberoche*, et fixée en Périgord, occupe, à l'une des époques les plus émouvantes et les plus critiques du Moyen Age, une place dont on chercherait vainement à s'expliquer l'importance. — Vers le milieu du XIVe siècle, on voit deux armées se livrer bataille sous ses murs, se retrancher tour à tour derrière ses remparts, en un mot, se disputer sa possession avec un acharnement que rien ne motive.

Tant d'efforts avaient cependant leur raison d'être.

La ville qui fut le théâtre de ces actions diverses ne se nommait pas Auberoche, elle n'était point située en Périgord, et si elle joua un grand rôle, c'est que sa position stratégique l'appelait à le remplir.

Par suite, un autre lieu, dont le moment n'est pas venu de dire le nom, et qui eut un passé plein de vie, avait, grâce à l'inattention d'un scribe et d'un éditeur moderne, été déshérité de la part d'intérêt qui lui était due.

Il y avait là à réparer une double injustice.

Le travail qu'on va lire a voulu aider à cette réparation. Nous avons essayé, en même temps, de montrer qu'en matière d'histoire, une critique, quand elle n'est que sévère, n'est pas toujours une critique juste ou raisonnée.

Peu d'auteurs furent attaqués autant que l'a été, il y a une trentaine d'années, Jehan Froissart. Il était homme sans doute et sujet à erreur. Mais ceux qu'on lui a opposés ont-ils mieux fait que lui? Et Buchon, son dernier éditeur, a-t-il avantageusement rectifié ce qu'il prétend avoir rectifié dans son ouvrage?

Pour ce qui tient aux hommes et aux choses de l'Aquitaine, les seuls dont il me soit permis de parler avec quelque assurance, la réponse à mon sens n'est pas douteuse.

Les villes que mentionne Froissart, les positions qu'il indique sont encore sous nos yeux. Il suffit d'un peu de patience et d'un peu d'étude pour que les obscurités se dissipent et que la vérité apparaisse.

L'auteur de ces lignes a eu, en les traçant, une autre ambition : sous une forme nouvelle, tant elle est ancienne, car c'est, pour ainsi dire, la forme même de Froissart, il a voulu raconter des faits complètement dénaturés.

Il importe aux enfants du midi de la France de connaître par quelles vicissitudes les générations mères de la leur ont passé.

C'est une histoire longue à faire, depuis peu de temps commencée, et qui a besoin de concours nombreux pour être menée à fin. Ces pages ont été écrites pour aider, s'il est possible, à l'avancement de l'œuvre commune.

EXPOSITION

I

La Guyenne à l'ouverture de la guerre de Cent ans.

La guerre terrible, qui mit aux prises pendant un siècle la France et l'Angleterre, fut une guerre de prétention à la couronne du côté des Plantagenets, de défense nationale du côté des Valois. La Guyenne en fut longtemps le théâtre, et, par une singulière fortune, on vit, à cent années de distance, les débuts et la fin.

Commencée vers le milieu du XIVe siècle, sur les bords des deux grands fleuves qui font à la Gascogne une double frontière, la lutte se terminait, en 1453, par la grande défaite des Anglo-Gascons, aux portes de Castillon; de ce jour seulement fut assurée l'indépendance de la patrie.

Sur le champ de bataille où périt Talbot, la grande race qui forme aujourd'hui la nation française révéla pour la première fois sa puissance. Dès ce moment, elle connut sa force; et le chemin, — humble sentier à l'origine, — qui devait la conduire à ses destinées futures, s'ouvrit devant elle.

Mais avant les jours d'émancipation et de liberté, de longs jours d'épreuves devaient s'accomplir.

Deux familles, deux formes du droit héréditaire, deux nations étaient en présence. L'épée sortie du fourreau n'y pouvait plus rentrer que la question vidée sans retour : la France annexée à l'Angleterre, ou l'Anglais à jamais chassé de France.

Les premières hostilités éclatèrent dans le pays de Thiérache [1]; mais la guerre de cent ans débuta en réalité dans le Bordelais.

Philippe de Valois envoya en Guyenne un chevalier gascon à son service, le comte de L'Isle ou de Laille, comme l'appelle Froissart qui écrit souvent à l'anglaise les noms français.

Le comte de L'Isle trouva la guerre commencée. De 1339 à 1342, Gaston II, comte de Foix, le connétable Raoul de Brienne et Robert de Marigny avaient tenu successivement la campagne pour le roi Philippe. Ils s'étaient emparés de La Réole, de Saint-Macaire et de Podensac; après s'être avancés jusque sous les murs de Bordeaux, ils s'étaient jetés dans l'Entre-deux-Mers, où ils avaient porté la dévastation.

A l'arrivée du comte de L'Isle, la guerre se généralisa.

Les plus fortes villes de l'Agenais et du Périgord furent enlevées à la domination anglaise : Damazan, Aiguillon, Monhurt, Tonneins, Sainte-Bazeille, La Réole, Caudrot, sur les bords de la Garonne, étaient tombés ou tombèrent bientôt au pouvoir des Français. Villefranche, Montpezat, Villeréal, en Agenais; Monségur, dans l'Entre-deux-Mers; Lalinde, Bergerac, Madauran et Libourne, sur la Dordogne, avaient eu le même sort. — Presqu'au début, Blaye avait été pris, et la ville de Bourg n'avait pu résister malgré sa forte position. — Bourg, à vrai dire, fut reconquis peu de temps après par les Anglo-Gascons.

Cet épisode n'a pas, que nous sachions, encore trouvé d'historien. Il ne manque pas d'intérêt. Voici ce que l'examen des Rôles gascons et de la collection Bréquigny nous a permis d'en connaître.

La ville de Bourg, conquise par Gaston de Foix, était

[1] La bataille navale de l'Écluse, et les démêlés de la Bretagne qui précédèrent, furent plutôt la préface de la grande guerre que la guerre elle-même.

tombée entre ses mains postérieurement au mois de mars 1339, car à cette époque on s'occupait par l'ordre du roi d'Angleterre des fortifications de la ville ([1]).

Le silence des documents qui, pendant les deux années suivantes, ne produisent qu'un seul acte daté du 21 juin 1340, — et par lequel il était *pourvu à la subsistance* de Guillaume Gordoun, bourgeois de Bourg, *ruiné par la guerre,* — nous donne à penser que ce fut en 1341 ou peut-être en 1342 que la bannière anglaise fut rétablie. Un seigneur, appelé Amanieu Belhade dans la collection Bréquigny, Amanieu Belhord, sire de La Mothe, dans le Catalogue de Thomas Carte, se mit à la tête du parti gascon et chassa les Français de la ville. Les Français, pour avoir été expulsés de ce lieu, n'en ravageaient pas moins la province; ils se vengèrent sur les terres d'Amanieu de l'échec qu'ils venaient de subir. Aussi voyons-nous le roi d'Angleterre, par deux lettres, l'une du 6 juin 1342, l'autre du 6 juillet, concéder au sire de La Mothe la châtellenie de Bourg, et promettre qu'il sera indemnisé « de tous les dommages que les ennemis du roi lui ont » causés et lui causeraient encore pour les avoir chassés de la » ville de Bourg dont ils s'étaient emparés ([2]). »

([1]) « *De muragio villæ de Burgo, 10 die martii 1338.* » (Thomas Carte, *Catalogue des Rôles gascons.*) 1338 appartenant au calendrier dit *vieux style,* qui commençait l'année à Pâques, c'est au 10 mars 1339 que la date correspond.

([2]) *Bibl. de Bordeaux.* Collection Bréquigny; *Inventaire des pièces relatives à la Gascogne,* cahier XVIII.

Je ne crois pas qu'à l'époque où ces lettres furent écrites par Édouard III la place fût depuis longtemps rendue à l'Angleterre.

Je vois, dans l'inventaire des documents recueillis par Bréquigny, une foule d'actes relatifs à Bourg, qui indiquent une rentrée en possession toute récente, et qui sont datés du *1er juin 1342 :*

1° Lettres du roi d'Angleterre, qui autorisent les magistrats de Bourg à prélever sur les vins certains droits employés à *réparer la ville.*

2° Lettres d'Édouard III, par lesquelles il promet aux maire, jurats

Malgré quelques succès isolés et la reprise de Bourg, les Bordelais s'effrayèrent des progrès de l'ennemi. Ils s'inquiétaient avec d'autant plus de raison, que, dans les troupes qui combattaient pour la France, se trouvaient beaucoup de Gascons appartenant à ce qu'on appelle de nos jours le Haut-Pays, et qui, par leur habitude de la guerre et leur connaissance de la contrée, apportaient aux Français un concours redoutable.

Déjà, à la mi-août 1342, les *soudoyers* que le roi d'Angleterre tenait en « Bourdelois » lui avaient écrit.

Édouard III avait envoyé Thomas de Hollande et Jean d'Artevelde à Bayonne avec 200 hommes d'armes et 400 archers pour garder la province. Mais le comte de L'Isle avait avec lui 6,000 chevaux; Thomas de Hollande et Jean d'Artevelde ne purent ni arrêter l'ennemi ni protéger les frontières.

Le péril devint tel, que les premiers barons de la Guyenne, principalement ceux qui avaient leurs châteaux dans le Bordelais, décidèrent qu'il fallait aller à Londres parler au roi.

Les seigneurs d'Albret, de Pommiers, de Montferrant, de Duras, de Curton, de Grailly, envoyèrent, en 1344, auprès de leur souverain, trois ambassadeurs, les sires de Lesparre, de Mucidan et de Caumont. Les envoyés arrivèrent à Windsor à l'époque de la Saint-Georges (le 23 avril). Ils trouvèrent Édouard au milieu des fêtes, occupé de joutes et de tournois;

et communauté de Bourg, qu'ils seront compris, soit dans la trêve, soit dans la paix.

3° Mandement au sénéchal de Gascogne, de voir s'il suffit de trente gens d'armes et de deux cents sergents pour la sûreté de la ville de Bourg, et de leur distribuer prudemment les 200 liv. sterling que Bernard Ezii d'Albret a ordre de leur remettre.

4° Lettres d'Édouard III, par lesquelles il unit à sa couronne la ville de Bourg en Guyenne. (Cahier XVIII, ann. 1342, 1er juin.)

ils lui peignirent avec force l'état de la Guyenne, les courses et les progrès de l'ennemi sur leur territoire, et lui demandèrent, au nom de leurs commettants, au nom aussi de Bordeaux et de Bayonne, un capitaine et des gens d'armes.

Édouard III s'empressa de les satisfaire. Il donna à son cousin, le comte Derby, l'ordre de partir avec 300 chevaliers, 600 hommes d'armes et 2,000 archers. Derby amenait les plus braves chevaliers d'Angleterre : Gauthier de Mauny, Franck de Hall, les comtes de Pembroke, de Stafford et de Kenford.

Le chef de l'expédition s'embarqua à Southampton, arriva à Bayonne le 6 juin 1344 (1), s'y reposa une semaine et vint de là à Bordeaux où il fut reçu « à grande procession » et logé à l'abbaye de Saint-André.

Le comte de L'Isle, informé de l'arrivée des Anglais, manda auprès de lui tous les seigneurs gascons qui tenaient pour la France, le comte de Comminges, le comte de Périgord, les sires de La Barde, de Puy-Cornet (2) et de Castelnaud, l'abbé de Saint-Séver, les comtes de Duras (3) et de Mirande, et fut s'établir avec eux dans Bergerac pour disputer le passage à l'ennemi. « Et adonc ces seigneurs de Gascogne » mandèrent gens de tous les côtés; et se boutèrent ès faux- » bourgs de Bergerath (qui sont grans et forts, et enclos de » la *rivière de Garonne*) [*sic*], et attirèrent ès fauxbourgs la » plus grand'partie de leurs pourvéances, à sauveté (4). »

(1) Le 5 juin, selon quelques manuscrits.

(2) Froissart écrit Pincornet. Malgré mes recherches, je n'ai pu trouver de Pincornet en Gascogne. Il faut voir, dans le Pincornet de Froissart, Puy-Cornet en Quercy, près de Castelnau-de-Mont-Ratier.

(3) On a vu plus haut un sire de Duras parmi les seigneurs Gascons qui envoyèrent vers le roi Édouard; voici maintenant un comte de Duras parmi les chevaliers français. On peut juger par là combien la Gascogne était alors divisée : des hommes du même pays, parfois de la même famille, servaient des causes contraires, selon que leur ambition, leur rancune ou leurs intérêts y trouvaient une satisfaction.

(4) Froissart, 1er vol., chap. CIII, p. 118. Ed. Sauvage.

Le comte Derby ne séjourna à Bordeaux qu'une quinzaine de jours, et vers la fin de juin commença la série d'expéditions qui, en deux étés, devait rendre la Guyenne au roi Édouard.

II

Le chroniqueur des guerres de Guyenne. — Le comte Derby.

Le récit des marches du comte Derby à travers le Périgord, le Bordelais et l'Agenais, se trouve dans les *Chroniques* de Jehan Froissart. Mais Froissart, qui a toujours cherché à être exact, n'avait pas sous les yeux la carte du pays dont il écrivait l'histoire. Il se trompe parfois sur les distances, et il lui arrive, comme nous venons de le voir, d'oublier que c'est la Dordogne qui « *enclot* » les murs de Bergerac.

De plus, à l'époque où il rédigeait cette partie de ses *Chroniques,* Froissart n'avait pas encore visité l'Aquitaine. Il vint à Bordeaux, il est vrai, à deux reprises différentes, mais beaucoup plus tard, en 1366, sous le règne du prince de Galles, et, en 1389, sous le duc de Lancastre. — Son premier livre, qui renferme le récit de ces premiers combats entre Gascons-Français et Anglais-Gascons, fut, selon toute probabilité, composé en Angleterre, où il vécut longtemps comme chapelain de la « bonne royne Philippe, » sa protectrice et sa compatriote. — Ce furent des chevaliers ou des archers du comte Derby, des soldats qui avaient fait la guerre de Guyenne sous les ordres du comte, qui en racontèrent sans doute à Froissart les incidents remarquables.

Froissart ne négligeait rien pour se bien renseigner. Longtemps après cette époque, et vieux déjà, il fit un beau jour le voyage de Zélande pour s'enquérir, auprès d'un chevalier portugais, des batailles qui s'étaient livrées tant en Portugal qu'en Castille; on peut juger du soin qu'il mit à connaître et à préciser, dans son jeune temps, ce qui s'était passé en Guyenne.

Froissart ne pouvait cependant éviter la mauvaise prononciation de ceux qui le renseignaient. Selon qu'ils étaient anglais ou gascons, les narrateurs donnaient aux noms propres une physionomie spéciale que Froissart devait reproduire. Ces mots, à tournure saxonne ou romane, les copistes les ont à leur tour dénaturés, et les derniers éditeurs, en voulant les rétablir, ont, par des corrections maladroites, tendu à faire d'un mal guérissable un mal sans remède.

De là un chaos géographique qui s'accroît, pour ainsi dire, avec les éditions, et qui jette les travailleurs adonnés à l'étude de ces chroniques dans un singulier embarras. — Le récit des guerres de Guyenne n'a pas échappé à cette confusion. Quelques lieux fixés, quelques noms mieux écrits, et le jour se fait. Rien de plus lumineux alors, rien, pourrais-je dire, de plus attrayant que l'histoire de ces courses armées, le long des deux fleuves.

Le comte Derby, qui avait affaire à un ennemi puissant, et qui n'avait avec lui que des forces assez restreintes, partagea ses opérations. Il avait à reconquérir la Guyenne : il la reconquit en deux fois.

Dans une première campagne, il s'attacha aux places du Périgord; dans la seconde, aux places de l'Agenais. Son plan était, autant que possible, de ne pas trop s'éloigner des rivières. Il n'allait pas toujours de la ville qu'il venait de prendre à la ville voisine, comme aurait semblé l'indiquer la situation topographique et la tactique moderne; il allait parfois à une ville plus éloignée, et placée, en apparence, en dehors de sa ligne de marche.

Le passage des cours d'eau ne l'arrêtait pas, et on le voyait se porter de la rive droite à la rive gauche avec la plus grande rapidité. Évidemment, il voulait surprendre l'ennemi, arriver là où il n'était pas attendu, éviter peut-être les corps de troupes qui couraient ou pouvaient courir la contrée, et atteindre les places avant qu'on les eût secourues.

Tout cela se trouve dans Froissart, mais, il faut l'avouer, ne s'y trouve pas du premier coup. Pour suivre ces opérations, il ne suffit pas seulement de rétablir des noms presque toujours défigurés, il faut encore en trouver la position véritable, et dresser, comme nous en avons eu le soin, la carte du pays. Alors l'itinéraire de l'habile capitaine se montre, son plan se dessine, et on assiste, en dépit du temps et de l'espace, à ces brillantes chevauchées, qui, dans sept ou huit heures de marche, faites tantôt de jour, tantôt de nuit, le transportaient à dix, à douze, quelquefois à quinze et vingt lieues de distance.

III

Les traducteurs de Jehan Froissart.

Les derniers éditeurs de Froissart, qui ont apporté à la partie géographique une critique souvent peu raisonnée, étaient arrivés, à leur insu, à des résultats monstrueux. Derby était un tacticien à la façon du Moyen-Age; ils en avaient fait un général extravagant, qui abandonnait au moment le plus inopportun la région où il manœuvrait, pour se porter, à travers les masses ennemies, à quatre-vingts, à cent, à cent vingt lieues de là, dans un pays où il n'avait que faire, pour y prendre une ville qu'il ne pouvait pas garder, et revenir ensuite dans son quartier d'opération en refaisant de nouveau les quatre-vingts ou cent lieues faites une première fois.

Ainsi, dans la campagne du Périgord, trois places que

Froissart nomme la *ville du Lac, Lango* et *Auberoche,* sont prises par Derby. Les interprètes du chroniqueur ont placé la *ville du Lac* dans le diocèse de Narbonne, *Lango* à Langon, sur les bords de la Garonne, et *Auberoche* près de Périgueux.

Auberoche est un ancien château marqué sur un petit nombre de cartes (1). Le comte Derby en était en ce moment fort éloigné, et n'avait aucun intérêt à faire entrer ce point, absolument sans importance, dans sa ligne d'opérations : Auberoche, placé près de Périgueux, appartenait nécessairement au Périgord, et le Périgord, comme on le verra plus loin, était protégé par un traité récent, à l'époque où les traducteurs de Froissart font prendre Auberoche par l'armée anglaise.

Quant au *Lac,* près de Narbonne, le comte Derby avait environ quatre-vingt-dix ou cent lieues à parcourir pour y arriver; et pour aller à Langon, cette affaire remontant au début de la campagne, il fallait traverser le Périgord méridional et tout l'Agenais, qui étaient encore l'un et l'autre entre les mains de la France!

Le comte Derby avait plus que cela l'esprit de la guerre. Il n'abandonna pas le Périgord tant qu'il y eut pour lui une ville nécessaire à prendre; et lorsqu'il fut assiéger ce que l'on appelle Auberoche (ce qui était, en réalité, la petite ville de *Caudrot,* située sur la Garonne, entre La Réole et Saint-Macaire), c'est, comme le récit va le dire, qu'il avait terminé en Périgord, qu'il se trouvait déjà sous les murs de Pellegrue et qu'il n'avait plus, pour atteindre la place, que six lieues à faire.

(1) Plusieurs localités aux environs de Périgueux portent le nom d'*Auberoche.* Deux d'entre elles sont connues sous les noms de *Millac d'Auberoche,* et d'*Auberoche* (du Change). Millac d'Auberoche est situé au S.-E. de Périgueux, entre cette dernière ville et Montignac; c'est le lieu que paraît avoir voulu désigner l'éditeur Buchon. Auberoche (du Change) est situé à quatre lieues E. de Périgueux. On y voit les restes d'un château-fort assez considérable.

Caudrot, par sa position sur le grand fleuve aquitain, était le boulevard de La Réole. Le comte Derby, qui voulait agir l'année suivante sur l'Agenais, ne pouvait mieux faire, la campagne périgourdine achevée, que de préparer la campagne prochaine en enlevant aux Français la ville même qui leur servait d'avant-garde.

Les divers traducteurs de Froissart n'ont rien vu de tout cela. Nous tâcherons de découvrir ce qu'ils n'ont pas su trouver.

Nous suivrons, pour le texte, un vieil exemplaire imprimé en 1559 à Lyon par Jean de Tournes, et publié par Denis Sauvage, historiographe du roi Henri II. Sauvage a sur les éditeurs plus modernes une grande supériorité : il donne les noms de ville tels qu'il les trouve dans les manuscrits ; il ne cherche que rarement à les corriger, et, qu'on me pardonne le mot, il ne les *localise* jamais.

RÉCIT

—

Ire PARTIE

CAMPAGNE DE 1344

I

Siége de Bergerac.

Le comte Derby partit de Bordeaux le 28 juin (?), pendant la nuit, selon toute vraisemblance ([1]), et chevaucha si rudement, que dans la journée il était arrivé à Moncuq ([2]), à « une petite lieue » de Bergerac.

Il avait envoyé en avant les maréchaux de son *ost* ([3]), Gauthier de Mauny et Franck de Hall, qui, par leurs coureurs, surent bientôt où en était la ville qu'ils voulaient prendre.

Aussi le lendemain, pendant le dîner, qui eut lieu d'assez matin, messire Gauthier, séant à table, « regarda sur le comte Derby » :

« — Monseigneur, lui dit-il, si nous étions droits gens

([1]) Il résulte du récit de Froissart, que ce premier trajet eut lieu d'une seule traite et en peu d'heures. De Bordeaux à Moncuq, la distance est de dix-huit à dix-neuf lieues ; il est difficile d'admettre que cette distance ait été parcourue en une seule étape. Pour que Derby pût arriver dans la journée et prît en route un repos nécessaire, il fallut qu'il partît pendant la nuit de Bordeaux. Froissart, d'un autre côté, se trompe trop grossièrement sur l'espace à parcourir pour qu'il n'y ait pas là une erreur des copistes ; il fait chevaucher les Anglais pendant trois lieues ; peut-être avait-il écrit treize lieues ?

([2]) Mont-Croulier, dit le texte de l'édition Sauvage.

([3]) *Ost*, armée.

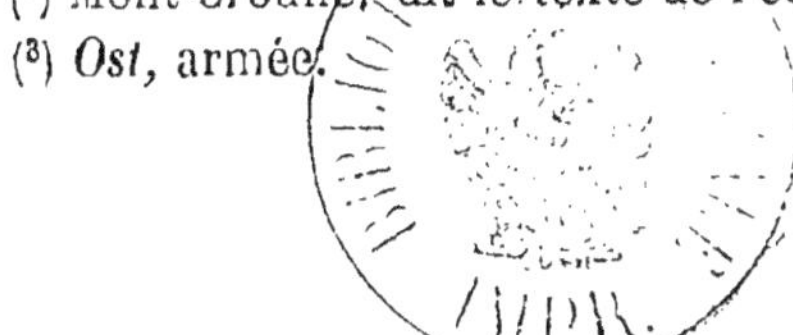

d'armes et bien armés, nous boirions, à ce soir, des vins à ces seigneurs de France qui se tiennent à Bergerath en garnison.

» — Ja pour moi ne demourra, » répondit le comte, qui ne fit aucune difficulté de se rendre au vœu de messire de Mauny.

Les Anglais coururent s'armer.

Quand Derby vit ses gens de si bonne volonté, il en fut « moult joyeux. »

« — Or, chevauchons, dit-il, au nom de Dieu et de saint Georges, devers nos ennemis. »

« Lors chevauchèrent à bannière déployée, en la plus » grande chaleur du jour, tant qu'ils vinrent devant les » bailles [1] de Bergerac, qui n'étaient mie légères à prendre, » car une partie de la rivière de Garonne [2] les environnait. »

L'affaire fut chaude. Les Français, entourés des gens du pays et des Bidaux, soldats armés à la légère de lances et de dards, étaient sortis des faubourgs pour en défendre les approches. Derby avait disposé ses gens d'armes sur la chaussée, ses archers à droite et à gauche de la route.

Les seigneurs anglo-gascons se jetèrent, le glaive baissé, au milieu des Bidaux, hommes mal armés pour la plupart, qui reculèrent en désordre jusque sous les pieds des chevaux montés par les seigneurs de France, si bien que ceux-ci ne purent aller en avant et venir au secours de leurs gens de pied.

Les archers d'Angleterre tiraient, pendant ce temps, avec un ensemble et une précision qui incommodaient fort l'ennemi.

« Là eut grand hutin et maint homme renversé à terre;

(1) *Bailles,* murailles, portes fortifiées.

(2) C'est la Dordogne qu'il eût fallu dire, nous l'avons déjà fait observer.

» car les archers d'Angleterre étaient sur costé, à deux lez » du chemin, et travaient si uniment que nul n'osait appro- » cher n'issir. Ainsi furent reboutés ceux de Bergerath dedans » leurs fauxbourgs; mais ce fut à tel méchef pour eux, que » le premier pont et les bailles furent gaignées de force : et » entrèrent les Anglais dedans avec eux; et là, sur le pave- » ment, eut maint chevalier et escuyer mort et blecé, et » maint prisonnier de ceux qui se mettaient au devant pour » défendre le passage (1). »

Le sire de Mirepoix, qui combattait pour la France, fut tué *sous la bannière* de Gauthier de Mauny; Mauny lui-même s'engagea si avant dans les faubourgs, qu'on eut grand'peine à le ravoir. Mais les faubourgs étaient au pouvoir des Anglais (2). Les Franco-Gascons, qui avaient vu déjà quatre des leurs, le vicomte de Bouquentin (3), le sire de Chasteau-neuf (4), le sire de Castillon et le sire de Lescun (5), tomber entre les mains de l'ennemi, se retirèrent dans le fort, fermèrent les portes et abaissèrent le *ratel* (6).

(1) Éd. Sauvage, vol. 1er, chap. CIV. — *(Comment le comte d'Erby conquit Bergerath.)*

(2) Pour se rendre compte du siége de Bergerac, il importe de remarquer que le faubourg attaqué par les Anglais, venant de Moncuq, était selon toute apparence le faubourg de la Madeleine, situé sur la rive gauche de la Dordogne, et par conséquent séparé de la ville, qui est bâtie sur la rive droite. Le faubourg était-il dès cette époque réuni à la ville par un pont? Le fait est assez probable et la tradition le prétend. La promptitude avec laquelle les Français, obligés d'abandonner le *faubourg*, se replièrent sur la ville, donne du reste de la vraisemblance à cette conjecture.

(3) Peut-être *Bisqueytan* ou *Biscaëtan?* mais douteux, Bisqueytan étant dans le Bordelais. Buchon traduit par Bosquentin.

(4) Froissart; traduction française de Castel-naud.

(5) Les manuscrits ou les textes imprimés qui ont servi à Sauvage portaient indifféremment *Lescu, Lescú, Lescut* et *Lestin*. Lescun, près d'Oleron (Béarn)?

(6) *Ratel*, herse.

Il fallut en venir à l'assaut. Il eut lieu le lendemain, et dura jusqu'à l'heure de *none*.

« Petit y firent les Anglais, car ils virent qu'il y avait de bons gens d'armes qui se défendaient de grand'volonté. » — Ils changèrent alors de tactique, et résolurent d'attaquer la ville par eau, « car elle n'était fermée que de paliz [1]. »

« Lors envoya le comte Derby devant la nave [2] de Bor-» deaux quérir des nefs [3], et lui en fut amené par la » rivière de Gironde; et y avait plus de soixante que barques » que nefs qui gisaient au havre devant Bordeaux : et vint » celle nave devant Bergerath [4].

» A l'heure du soleil levant, furent, les Anglais qui ordon-» nés étaient pour assaillir, en eau; et leur nave toute appa-» reillée, et en était capitaine le baron de Stanford. »

Les chevaliers, les écuyers, les archers, tous ceux qui avaient trouvé place à bord des navires, s'approchèrent vitement. « Ils vinrent jusqu'à un grand roullis [5] qui est devant » le paliz, et le jetèrent par terre. Et adonc vinrent les gens

(1) *Paliz*, palissades.

(2) *Nave*, flotte.

(3) La flottille qui servit au siége par eau dut partir de Bordeaux avant Derby pour arriver à temps devant la place. Il était naturel que le comte Derby prévît le cas, et qu'au début de la guerre il ne négligeât aucun des moyens qui pouvaient faciliter ou précipiter la reddition d'une place aussi importante. Il est donc à présumer que le chef de l'expédition anglo-gasconne avait donné ses ordres antérieurement, et que, voulant accélérer la marche des nefs, il envoya ses messagers non à Bordeaux même, mais au devant de la flotte venant de Bordeaux.

Le récit de Froissart indique que l'assaut par eau suivit de très près, douze ou quinze heures, l'assaut par terre.

(4) Le texte de l'édition Buchon diffère assez notablement de celui-ci; nous croyons devoir le reproduire : « Si y envoyèrent tantôt le maire » de Bordeaux, lequel obéit au commandement du comte de Derby; et » envoya tantôt par la rivière plus de quarante que barges que nefs qui » là gisaient au Hâvre devant Bordeaux. » (Liv. Ier, Part. I, ch. CCXIX.)

(5) *Roullis*, fortification faite avec des troncs d'arbre.

» de la ville au comte de Laille et aux seigneurs chevaliers » et escuyers qui là étaient, et dirent :

« — Seigneurs, regardez que vous voulez faire. Nous sommes en adventure d'être tous perdus. Se ceste ville est perdue, nous perdrons tout le nostre, et nos vies aussi. Si vaudrait mieux que nous la rendissions au comte Derby que nous eussions plus grand'dommage. »

» Le comte de Laille dit :

« — Or, allons celle part où vous dites que le peril est; car nous ne la rendrons pas ainsi. »

Les chevaliers de Gascogne qui tenaient pour la France se portèrent aussitôt vers la palissade.

« Les archers qui estaient ès barques tiraient si roidement » qu'à peine se pouvaient les assaillans ([1]) apparoir, s'ils ne » voulaient mettre en adventure d'être tués ou mallement » blessés. Par dedans la ville, avec les Gascons, estaient les » Genevois ([2]) bien deux ou trois cents : lesquels arbalestriers » étaient bien paveschez contre le trait des archers, et embe- » sognèrent grandement iceux archers tout le jour.

» Si y en eut plusieurs blessés de côté et d'autre; finable- » ment, les Anglais qui estaient dedans la nave exploitèrent » tant, qu'ils rompirent un pan de paliz : et adonc se retra- » hirent ceux de Bergerath arrière et requirent avoir conseil, » tant qu'ils fussent conseillés, pour eux rendre. »

([1]) *Assaillans* doit s'entendre des chevaliers de Bergerac, qui se portaient en ce moment vers la palissade menacée, et qui, en attaquant l'ennemi sur ce point, devenaient assaillants d'assaillis qu'ils étaient.

([2]) *Genevois*, lisez *Génois*. Les Génois et les Gascons étaient les meilleurs tireurs du Moyen Age. Les archers de Gascogne étaient surtout renommés pour leur vaillance et leur adresse. Ils concoururent souvent au succès des troupes anglaises; et il y a tout lieu de croire que les archers qui assiégeaient Bergerac, et que Froissart appelle des *archers d'Angleterre*, étaient en grande majorité des archers gascons. (Voyez Bardin, *Dictionnaire de l'Armée*.)

On demanda une trève.

Le comte Derby accorda aux Français le reste du jour et la nuit suivante. Mais le lendemain, lorsque les Anglais revinrent avec leurs barques devant la brèche pratiquée dans la palissade, ils ne trouvèrent que les habitants de la ville demandant merci, et la vie sauve. — Les Français étaient partis. Le comte de L'Isle et les siens avaient profité de la trève. Pendant la nuit, ils avaient chargé tout leur avoir, et avaient quitté la ville en se dirigeant sur La Réole, « qui est assez près de Bergerath, » dit notre chroniqueur.

Le comte Derby ne fut pas inexorable envers les habitants de Bergerac. C'étaient des Gascons; il y avait force Gascons dans l'armée anglaise; entre compatriotes on s'entend à demi-mot :

« — Qui merci prie, merci doit avoir, » répondit le comte Derby à ceux de ses chevaliers qui parlaient pour eux.

« — Dites-leur qu'ils ouvrent leurs portes et nous laissent entrer dedans; nous les assurerons de nous et de nos gens. »

Les habitants de Bergerac ne se firent pas répéter l'ordre. Ils vinrent à la place, sonnèrent les cloches, s'assemblèrent tous, hommes et femmes, ouvrirent les portes et furent « à grand'procession » au-devant du comte. — Ils le menèrent à « la grand'église, » lui jurèrent féauté et hommage, et le reconnurent pour seigneur au nom du roi d'Angleterre, « par la vertu d'une procuration qu'il en portait. »

Les Français, obligés d'abandonner Bergerac et de se retirer à La Réole, prirent une mesure qui serait aujourd'hui une faute, qui alors était au contraire autorisée par la tactique.

D'après les idées modernes, ils devaient renoncer à l'occupation des lieux qu'ils ne pouvaient défendre, ne point disséminer leurs forces, et se retrancher dans les places qui, par leur proximité, pouvaient en cas d'attaque être secourues les unes par les autres.

Ce n'est point ce qu'ils firent.

Au lieu de se grouper, ils se fractionnèrent. Une partie se rendit dans les places du Périgord, l'autre dans les places de l'Agenais.

En Périgord, ils occupèrent Montagrier [1], La Mongie [2], Madauran [3] et Beaumont, où Philippe de Dyon, Arnout de Dyon, le sire de Montbrandon et Robert de Malemort prirent le commandement. En Agenais, ils vinrent ravitailler Penne, Pellegrue, La Réole et Caudrot, — Caudrot placé sous les ordres du comte de Villemur, La Réole sous ceux du comte de L'Isle qui s'empressa de faire réparer la forteresse [4].

On voulait disputer le terrain pied à pied.

Le comte Derby prit conseil du sénéchal de Gascogne, et arrêta son plan d'après le plan des Français eux-mêmes.

Il ne fractionna pas ses forces, mais il fractionna ses opérations. De là, la campagne de 1344 qui le rendit maître du Périgord, et celle de 1345 qui lui donna l'Agenais.

II

Chevauchée du Périgord.

Ses vues arrêtées, Derby ne s'oublie point à Bergerac. — Il en part au bout de deux jours, — vers le 4 juillet sans

(1) *Montagrel* dans Sauvage, *Montagrée* dans Buchon.

(2) La Mongie; — le *chastel de Montgis*, dit Sauvage, qui donne ici une orthographe assez exacte. — *Lamouzies*, dit Buchon, qui, n'ayant sans doute rien trouvé sur ses cartes qui ressemblât, même de loin, à ce nom, ne cherche pas à l'expliquer. — Buchon cependant se trouve avoir écrit le nom tel qu'on le prononce dans la contrée : *Lamouzie* ou *La mougie*.

(3) Madauran, à l'O. de Bergerac; — *Maudurant* dans l'éd. Sauvage.

(4) Probablement le *château des Quatre-Sos*.

doute, — remonte la rive gauche de la Dordogne, s'empare de Lanquais ([1]) dont la garnison se retire sur Moussac ([2]), fait mine de se tourner vers le sud et de s'avancer sur Ville-Réal ([3]), se voit apporter les clefs par les habitants de la ville que cette démonstration suffit pour conduire vers lui, *passe outre* ([4]), dit Froissart, ou plutôt, comme l'itinéraire l'indique, revient sur ses pas, franchit la Dordogne au-dessous de Bergerac, s'empare par assaut de Madauran, se porte sur le château de La Mongie, envoie prisonnier à Bordeaux Arnout de Dyon qui y commandait, pousse jusqu'à Paunat ([5]), y entre en vainqueur, abandonne la direction de l'Est qu'il suivait depuis Madauran pour prendre celle du Sud-Ouest,

([1]) Lanquais au S.-O. de Lalinde. — C'est le *Lango* de Sauvage et le *Langon* de Buchon. Ce qui le prouve, c'est la proximité de Moussac où se retire la garnison française. (Voyez la note suivante.)

([2]) *Moussac.* Nous avons conservé l'orthographe de Sauvage. Ce lieu est marqué *Mosac* sur la carte de la Guyenne de Nolin (année 1776). Mosac est situé au S.-S.-E. de Lanquais, à une distance égale à celle qui sépare Pessac de Bordeaux.

([3]) Ville-Réal, petite ville située sur le Drot, à quatre lieues S. de Lanquais, à six lieues N. de Villeneuve-d'Agen, et très rapprochée d'un lieu nommé *Devillac,* qui se trouve au S.-E. Sauvage désigne ce point sous le nom de « *ville* appelée *le Lac* » ou *ville du Lac.* Buchon en a fait non une ville, mais un château... dans le diocèse de Narbonne! La partie du Périgord, ou plutôt de la frontière agenaise, où est situé Ville-Réal, est remplie de noms en *lac* : Devil*lac,* Sadil*lac,* Sandil*lac,* Mil*lac,* Péril*lac,* etc. Si nous avons donné la préférence à Ville-Réal, bien que cette finale lui manque, c'est à cause de l'importance de sa position. Dans une lettre empruntée par l'éditeur Buchon à l'historien Robert d'Avesbury, qui attribue cette pièce au comte Derby, on trouve, parmi les places que le comte jugeait à propos de ravitailler (en l'an 1346), Villeréal en Agenais, « *q'est une bonne ville du royalme.* » Il nous a semblé que *Ville-Réal* ne s'éloignait pas trop de *Ville-le-Lac.*

([4]) *Passe outre* doit se prendre pour continuation de marche sans idée de direction.

([5]) Paunat à l'E. de Bergerac, au S.-S.-E. de Périgueux. *Punach* d'après Sauvage; *Pinach* d'après Buchon, qui, ne trouvant sans doute aucun similaire, n'a nul souci de sa position.

tombe sur Lalinde ([1]), s'y repose trois jours; le quatrième, il marche sur la Force ([2]) en descendant la Dordogne dont il suit presque les bords, se rend maître de la place, « qu'il gaigne assez légèrement, » se dirige sur Ponteiraud ([3]), dans le nord de la province, de là rétrograde vers le sud, franchit pour la troisième fois la Dordogne, passe ainsi de nouveau sur la rive gauche et fait quatorze grosses lieues pour surprendre la ville de Beaumont, que Froissart appelle Beaumont en *Laillois* ([4]). Là, nouveau changement non moins imprévu : il reprend la direction du nord, s'empare de Monta-

([1]) Lalinde : « La ville et le chastel de *La lière,* » dans Froissart. — « Peut-être Levèze, diocèse de Condom, » dit Buchon!

([2]) La Force. *Forsath* dans le texte imprimé au XVIe siècle. Prononcez le nom à l'anglaise, c'est à dire en faisant le *th* doux, et vous aurez *Força, Force.* Quant à Buchon, il traduit par *Fossat* (diocèse de Toulouse!) C'est à ne pas le croire, et pourtant c'est écrit. Voilà le comte de Derby tour à tour à Bergerac en Périgord, à Langon dans le Bordelais, au Lac près de Narbonne, à Levèze dans le diocèse de Condom, à Fossat par delà Toulouse. Tout à l'heure, Buchon nous le montrera en Armagnac à l'Ile-Jourdain, en Périgord à Montagrier, puis il le perdra en route allant à Bonneval qu'il ne saura où prendre, retrouvera le comte à Pellegrue près de la Garonne, et le fera enfin revenir à Auberoche, presque sous les murs de Périgueux. Un voyage de sept ou huit cents lieues, lorsque Derby n'en fit pas trois cents!

([3]) Ponteiraud; la Tour de *Pondaire* d'après Sauvage, la Tour de Prudaire d'après Buchon.

Ponteiraud est en ligne droite à environ neuf lieues de la Force; mais, pour y arriver, le comte Derby avait à traverser un pays très boisé, très accidenté et d'un accès difficile *(la Double).* Aussi Ponteiraud ne doit-il être accepté qu'avec une certaine réserve. Nous ferons remarquer à ce propos qu'en aval, et à une lieue à peu près de la Force, se jette dans la Dordogne une très petite rivière venant du N. et nommée Eyraud. Dans son bassin, on trouve deux localités ainsi désignées : Saint-Jean d'Eyraud, près de la source, au N. de la Force et Saint-Pierre d'Eyraud, non loin du confluent, à l'O. de la Force. Il ne serait pas impossible qu'on trouvât sur un point de ce cours d'eau le Pondaire de Froissart, (Pont d'Aire, Pont d'Eyraud.)

([4]) *Laillois.* « Beaumont en Laillois, la souveraine ville de Laille, » dit Froissart, en parlant de Beaumont et de l'Isle. L'armée française

grier (¹) et va assiéger sur les bords de la Dronne « la souveraine ville de Laille, » — L'Isle, — où s'étaient retirés

étant commandée par un comte de l'Isle, Froissart a pu croire que la ville de l'Isle qui fut prise était la sienne, et lui a donné le nom de *souveraine*. La prise de Beaumont ayant précédé immédiatement la prise de l'Isle, ce lieu est par le même motif devenu, sous sa plume, Beaumont en *Laillois*.

Les historiens modernes ont été plus loin : le *comte de Laille* se trouvant être un personnage d'importance (Bertrand, seigneur et comte de l'Isle-Jourdain), en ont conclu que « la souveraine ville de Laille, » et « Beaumont en Laillois, » ne pouvaient être que la ville de l'Isle-Jourdain et Beaumont de Lomagne. Ils n'ont pas réfléchi que Derby était en Périgord, que la Lomagne est au contraire située sur les frontières du Languedoc. S'ils avaient consulté la *collection Bréquigny*, ils auraient trouvé, à l'année 1341, une pièce qui aurait pu les mettre sur les traces de la vérité. Voici les renseignements que nous fournit l'*Inventaire* de ces pièces, cahier XVII :

« 1341, 4 août. — Lettres d'Édouard III, par lesquelles il accorde à » Bernard Markys le baillage de *Beaumont en Périgord*, avec ses appar» tenances, dès que le roi l'*aura repris sur l'ennemi qui l'occupe* par » usurpation. »

De toute évidence, le Beaumont, dont la perte inspirait en 1341 de tels regrets au roi d'Angleterre, est celui que reprit en 1344 le comte Derby. Or, la position de Beaumont fixe la position de l'Isle ; et Henri Martin (*Histoire de France*, t. IV), qui fait aller le chef de l'armée anglaise du Périgord en Lomagne, se trompe comme tous ceux qui, en parlant de cette époque, ont touché aux événements de la Guyenne.

Dans sa *Collection générale des Documents français*, M. Delpit publie plusieurs pièces (entre autres, la liste des hommages rendus, en 1363, au prince Noir) où se trouve mentionné le lieu de Beaumont, près de *Bergerac*. Quant à Beaumont de Lomagne, il n'en est nullement question. (V. la table des *Documents français* recueillis par M. Delpit, p. 311.)

(¹) La ville de *Montagrier* ne se trouve pas, dans l'édition Sauvage, parmi celles dont le comte Derby fit le siége. Il est cependant certain que cette place fut comprise dans son expédition. Le comte dut s'en emparer avant d'aller à l'Isle, qui n'en est éloignée que d'une lieue environ. La présence à l'Isle de Philippe de Dyon, qui commandait précédemment à Montagrier, fait présumer que cette ville est tombée la première entre les mains des Anglais. L'édition Buchon lève d'ailleurs à cet égard tous les doutes.

Philippe et Arnout de Dyon [1] après la prise de Montagrier et celle de La Mongie; le comte donne l'assaut à la ville, l'oblige le lendemain à capituler, envoie douze des bourgeois comme otages à Bordeaux, et permet aux chevaliers français de se retirer à La Réole.

On n'était pas encore à la fin de juillet, et Derby était déjà maître du Périgord.

Une place assez importante, le château de Bonneval [2], — plutôt en Limousin qu'en Périgord, — restait aux mains de ses adversaires; malgré la distance (15 lieues communes), il s'y porte, donne l'assaut, entre dans la place, revient vers la Dordogne, et prend le chemin de Pellegrue, après avoir passé devant Bourdeilles [3] et Périgueux [4] qu'il se contente de menacer.

Derby était un bon chevaucheur, un vaillant homme d'armes et un chef prudent : ces villes, plus considérables et mieux défendues que les autres, auraient pu l'arrêter fort longtemps; il les laisse sans plus de façon derrière lui.

Ici la marche du comte est incidentée par un événement qui devait influer sur le reste de la campagne. — Les chevaliers de Périgueux, voyant que Derby n'attaquait point, voulurent attaquer Derby. Vers minuit, pendant que le comte était campé à deux lieues de leur ville, sur une petite rivière, — probablement le *Ver*, l'un des affluents de l'Isle, — ils firent une sortie, arrivèrent avant qu'il ne fût jour, surprirent le comte de

[1] On a vu plus haut qu'Arnout de Dyon avait été envoyé prisonnier à Bordeaux; il faudrait supposer une évasion.

[2] *Bonval,* dit Froissart dans l'édition Sauvage. « Il y a plusieurs lieux de ce nom dans l'Agenais, dit Buchon à l'article *Bonneval;* il est impossible de deviner duquel Froissart veut parler. » Froissart parlait de Bonneval, à l'E. de Saint-Yriex; son récit même le prouve.

[3] Bourdeilles, petite ville sur la Dronne et non sur la Dordogne, comme on le voit dans le dictionnaire de Masselin; *Bordalle* dans l'édition Sauvage.

[4] Périgueux, *Pierregort* dans l'édition Sauvage.

Kenford [1] dans sa tente au moment où il s'armait, l'assaillirent, le firent prisonnier avec trois autres chevaliers « de son hôtel, » et, comme l'armée anglaise s'éveillait, reprirent le chemin de Périgueux.

« Si leur fut mestier, dit Froissart, qu'ils trouvassent les » portes ouvertes, car ils furent poursuis chaudement et » reboutés dedans les barrières ; mais si tost que les Gascons » furent en leurs gardes, ils descendirent de leurs chevaux » et prirent leurs glaives, et vinrent combattre main à main » aux Anglais, et tinrent leurs pas, et firent tant qu'ils ne » perdirent rien. Puis retournèrent ces Anglais devers le » comte d'Erby qui tant chevaucha qu'il vint devant Pelagrue, » où il fut six jours et y fit maint assaut.

» Là fut faite la délivrance du comte de Quenfort et de ses » autres compaignons, en échange des vicomtes de Bouquen- » tin, du vicomte de Chastillon, du seigneur de Lescun et du » seigneur de Chastelneuf [2]. »

Il n'y eut pas qu'un échange de prisonniers ; il y eut encore un traité conclu , — avec clause de trois ans de paix pour le comté de Périgueux. Ce traité sauva Pellegrue [3] qui en faisait alors partie.

« Toute la terre de Pierregort, disait la convention, demour- » rait trois ans en paix : mais bien se pourraient armer les che- » valiers et escuyers d'icelui païs, sans forfait. Mais on ne pou- » vait prendre, ardoir, ne piller nulle chose, durant ce temps, » en la dite comté. Ainsi se partirent les Anglais de devant » Pelagrue (car celle terre est de la comté de Pierregort). »

(1) Froissart, dans l'édition du XVIe siècle, écrit *Quenfort*. Peut-être Quenfort était-il préférable. Le mot ainsi écrit a une physionomie moins anglaise, il est vrai, mais en revanche bien plus aquitanienne. Nous avons encore à Bordeaux une famille de *Quennefer*.

(2) Éd. Sauvage, vol. 1er, chap. 106. « *Comment le comte de Quenfort fut prins en Gascögne, et comment il fut par échange délivré.* »

(3) Pellegrue a eu presque de tout temps en Guyenne une situation

III

Siéges de Caudrot par le comte Derby et par le comte de L'Isle.

Le comte Derby et ses hommes, le siége levé, se portèrent à six lieues de là, sur Caudrot; ils « chevauchèrent, dit Froissart, devers *Auberoche,* qui est un beau chastel et fort de l'archevêché de Toulouze (1). »

à part. C'était, paraît-il, une sorte d'enclave dont la juridiction n'était pas parfaitement établie. Du temps de Froissart, nous la voyons dépendre du comté de Périgueux; plus tard, elle se trouve faire partie du Condomois. (Jouannet, *Stat. de la Gironde,* t. II, p. 80. — Voyez aussi le *Dictionnaire géographique* de J.-G. Masselin, IIe Part., p. 317.)

(1) Toulouse était la capitale des possessions françaises dans le Midi, comme Bordeaux la capitale des possessions anglaises. Il était naturel qu'on fît ressortir de l'archevêché de Toulouse toutes les places de la Garonne qui étaient dans les mains de la France, de l'archevêché de Bordeaux celles qui étaient dans les mains de l'Angleterre, sans se préoccuper autrement de leur proximité ou de leur éloignement. Buchon, qui ne s'explique pas cet état de choses, dû à la position même des belligérants, se tire comme toujours d'affaire en *rectifiant* Froissart : « Auberoche, dit-il, est situé dans le diocèse de Périgueux. » Le savant historien de Languedoc assure qu'il n'existe aucun lieu de » ce nom dans celui de Toulouse, ni même dans toute l'étendue de la » province ecclésiastique de Toulouse. D'ailleurs, la position d'Aube- » roche est fixée dans le Périgord par la suite du récit de Froissart, » qui suppose que ce lieu n'est pas éloigné de plus d'une journée de » la ville de Libourne. » Liv. Ier, ch. CCXXVI.) — Le récit de Froissart qu'invoque Buchon conduit à un résultat tout contraire : 1° Il ne suit pas, de ce qu'Auberoche était à une journée de Libourne, qu'il dût être situé du côté de Périgueux; il pouvait être à la même distance, du côté opposé, vers La Réole. 2° Ce qui prouve qu'Auberoche n'est pas du côté de Périgueux, c'est le fait suivant : A la fin de la campagne, lorsque la ville de Caudrot, assiégée de nouveau, mais cette fois par les Français, fut délivrée par le comte Derby et Gautier de Mauny, à la suite d'un combat dans lequel la surprise joua le premier rôle, le comte de Pembroke, qui commandait à Bergerac, manqua le rendez-vous

Les Anglais s'établirent devant la place comme s'ils avaient dû y passer la saison, et envoyèrent dire aux assiégés que s'ils étaient pris par la force ils seraient mis à mort sans merci.

« Ceux de la ville, du chastel et d'entour eurent doute de » leurs corps et biens; et ne leur apparoit nul secours de » leur costé. » Ils se mirent donc en l'obéissance du comte Derby, qui laissa en garnison à Caudrot messire Franck de Hall, Alain de Finefroide et messire Jehan de Land-Hall.

« Après vint (le comte Derby) à Libourne, une bonne » ville et grosse, en son chemin de Bordeaux, à douze lieues » d'illèques [1]; si l'assiégea et dit bien à tous ceux qui » ouir le voulaient qu'il ne partirait jusques à ce qu'il l'aurait. » Ceux de dedans se mirent à conseil : si que tout considéré, » le bien contre le mal, ils ne se firent assaillir ne harier, » ains se rendirent au comte Derby, qui y fut trois jours, et » lui firent hommage. »

Le chef de l'armée anglaise envoya le comte de Pembroke tenir garnison à Bergerac, laissa Stafford [2] à Libourne, et

fixé par Derby à ses hommes d'armes, et n'arriva devant Auberoche, comme on le verra plus loin, qu'après la bataille. Si Auberoche eût été là où le place Buchon (entre Périgueux et Montignac), Pembroke aurait été bien plus à portée d'Auberoche que Derby; au lieu d'arriver le dernier et trop tard, il serait arrivé avant tous les autres.

Les preuves contre la position assignée, par le dernier éditeur de Froissart, à Auberoche, abondent. C'est ici le cas de rappeler ce que nous avons dit dans notre introduction, p. 15 : Le traité de Pellegrue venait de mettre pour trois ans le Périgord à l'abri des hostilités; il eût étendu sa protection à Auberoche, si Auberoche avait appartenu à cette province. Le fait du siége est à lui seul la condamnation de Buchon et des historiens qui l'ont suivi.

[1] Il y a environ neuf lieues en ligne droite de Caudrot à Libourne; ce qui revient à peu près aux douze lieues de Froissart, en comptant les détours et l'écart qu'on devait faire pour aller chercher le gué de la Dordogne.

[2] Stanford, dit l'éd. Sauvage.

s'en revint à Bordeaux avec Gauthier de Mauny et le comte de Kenford.

A Bordeaux, il reçut l'accueil qu'il pouvait attendre d'une population dévouée par intérêt et par tradition à la couronne d'Angleterre. Les bourgeois et les clercs de la ville vinrent en pompe au devant de lui, et « lui abandonnèrent pourvéances et toutes autres choses à sa voulonté. » — « Si se tint le comte avec ses gens en la cité : et s'ébattait avec les bourgeois et les bourgeoises de la ville. »

Il ne s'*ébattit* pas longtemps.

Le comte de L'Isle, enfermé dans La Réole et gêné par le voisinage de Caudrot, dont la garnison anglaise était pour lui une menace permanente, résolut d'en faire le siége et de rentrer dans la possession de cette place qui le couvrait du côté du Bordelais.

Il manda vers lui tous les barons de Gascogne qui tenaient pour la France et leur donna rendez-vous devant Caudrot. Les barons s'y trouvèrent à l'heure, on pourrait dire à la minute, assignée ; si bien que les Anglais ne se doutèrent de l'attaque que par l'investissement ; et l'investissement était si complet que nul ne pouvait entrer dans la place ou en sortir sans être aperçu.

Les Français avaient fait venir de Toulouse quatre grands engins qui jour et nuit firent pleuvoir sur la forteresse une grêle de projectiles, à tel point que les combles des tours en furent effondrés et que les soldats de la garnison durent se réfugier dans des chambres voûtées, au raz de terre.

Quand messire Franck de Hall, Alain de Fine-froide et Jehan de Land-Hall se virent en « tel parti, » ils demandèrent à leurs varlets s'il en était parmi eux qui, pour un gain raisonnable, voulussent aller à Bordeaux porter une lettre au comte Derby.

« Lors s'avança un valet et dit qu'il la porterait volontiers,

» non mie tant pour la convoitise de gaigner, comme pour » eux délivrer de péril; et la nuict ensuivant le valet print » la lettre scellée de leurs sceaux, si la cousit en ses draps, » puis se fit avaler dedans les fossés.

» Quand il fut au fons, il monta contremont, et se meit à » la voie parmi l'ost, car autrement ne pouvait il passer. Si » fut rencontré du premier guet et alla outre, car il savait » bien parler gascon, et nomma un seigneur de l'ost, et dit » qu'il était à lui. Si fut laissé passer : mais il fut prins et » détenu, au dessous des tentes, d'autres seigneurs qui l'a- » menèrent en l'ost.

» Si fut tasté et interrogé et lettres trouvées sur lui.

» Lors fut gardé jusques au matin, que les seigneurs de » l'ost s'assemblèrent, et lurent la lettre en la tente où estait » le comte de Laille. Si eurent moult grand'joie quand ils » surent que ceux de la garnison estaient tant contraints » qu'ils ne pouvaient plus longuement tenir. Lors prinrent » le valet et lui pendirent les lettres au col et le mirent tout » en un monceau au fons d'un engin : puis le renvoyèrent et » le jettèrent en Auberoche (1). »

A cette heure, le comte de Périgord, son oncle Charles de Poitiers, le vicomte de Carmaing (2) et le sire de Duras passaient à cheval devant le château, et dès qu'ils furent à portée de la voix :

« — Seigneurs, dirent-ils en gabois (en se moquant), demandez à votre messager où il a trouvé le comte d'Erby si appareillé, quand en nuit se partit de votre forteresse, et ja est retourné de son voyage.

» — Par ma foy, Seigneurs, répondit Franque de Halle, si nous sommes céans enclos, nous en istrons (sortirons) quand

(1) Éd. Sauvage, chap. CVII. — « *Comment le comte de Laille, lieutenant du roy de France en Gascogne, meit le siége devant le chastel d'Auberoche.* »

(2) Carmain, près de Villefranche de Lauragais (Haute-Garonne).

Dieu voudra, et le comte d'Erby; et pleust à Dieu qu'il sut en quel état nous sommes, car s'il le savait il n'y aurait si advisé des vôtres qu'il ne ressongnast à tenir les champs : et se vous lui voulez signifier, l'un des nostres se mettra en vostre prison pour rançonner ainsi qu'on rançonne un gentilhomme.

» — Nenny, nenny, respondirent les Français, les choses ne se feront pas ainsi . le comte Derby le saura tout à temps, quand, par nos engins, nous aurons abattu ce chastel rez à rez de terre, et que vous pour vos vies sauver vous rendrez simplement.

» — Certes, dit messire Franque, ce ne sera ja que nous nous rendions ainsi, et dussions-nous tous mourir céans. »

Le siége se poursuivit. Les pierres d'engins continuèrent de pleuvoir sur les Anglais « et leur baillaient de si durs » horions qu'il semblait que ce fut foudre qui chût du ciel, » quand elles descendaient et frappaient contre les murs du » chastel. »

IV

Bataille de Caudrot.

Cependant l'aventure du valet, l'histoire de la lettre, les paroles échangées sous les murs de Caudrot, l'état de la ville assiégée, tout cela fut promptement su à Bordeaux par un espion « une espie, » qui se trouvait dans l'armée assiégeante.

Le comte Derby ne perdit point de temps; il convoqua tous ses chevaliers; réunit à Libourne les seigneurs de Stafford, de Kenford, de Mauny, d'Hasting et de Ferrières; y attendit tout un jour (1) le comte de Pembroke, qui, étant

(1) Si Auberoche avait été situé entre Périgueux et Montignac, comme

à Bergerac, se trouvait en retard; et comme Pembroke ne venait point, se mit en marche avec ses gens.

Il partit le soir de Libourne, chevaucha toute la nuit, et, dirigé par des guides qui connaissaient bien le pays, arriva le lendemain à deux petites lieues de Caudrot.

« Si se boutèrent dedans un bois et descendirent de leurs » chevaux, et les lièrent aux arbres et aux feuilles, et les » laissèrent toujours pasturer l'herbe, *en attendant le comte* » *de Pennebroth ;* et furent toute celle matinée jusques à » nonne, car ils ne savaient que faire pour ce qu'ils n'estaient » que trois cens lances et six cents archers : et les Français, » qui estaient devant Auberoche, pouvaient estre dix ou » douze mille hommes.

» Aussi leur semblait-il lascheté et paresse, s'ils laissaient » perdre leurs compagnons.

» En la fin, messire Gauthier dit :

» — Seigneurs, nous monterons tous à cheval et costoyerons à la couverte de ce bois, où nous sommes à présent, tant que nous soyons au lez de là qui joint près de leur ost : et quand nous serons près, nous frapperons nos chevaux des éperons et crierons nos criz hautement. Nous y entrerons sur le souper, et nous les verrons si déconfits qu'ils ne tiendront nul conroy. »

« — Nous le ferons ainsi que vous l'ordonnez, » répondirent les chevaliers; et ils commencèrent aussitôt à sangler leurs chevaux et à serrer les courroies de leurs armures.

Ils se mirent en route en laissant derrière eux leurs *malettes,* leurs valets et leurs pages, et chevauchèrent tout le long du bois [1] jusqu'à ce qu'ils fussent arrivés à l'extré-

le prétend Buchon, c'est le comte Derby qui serait allé plutôt rejoindre le comte de Pembroke à Bergerac, et non Pembroke qu'on aurait obligé de rétrograder jusqu'à Libourne.

[1] Tout *souef,* dit Froissart; tout doucement.

mité opposée où « l'ost des Français était logée, assez près, sur un grand val, en une petite rivière. »

Cette rivière que Froissart ne nomme point était le *Drot,* du moins tout l'indique. Un hameau, situé presque à son embouchure dans la Garonne, porte encore le nom anglais de *Pas-Saint-Georges.*

Il n'est pas de traces du passé, si faibles qu'elles soient, si futile qu'en puisse paraître l'étude, qui n'aient leur valeur en histoire, et qui, selon nous, ne doivent être soigneusement relevées.

Nous n'avons pas l'itinéraire du comte Derby dans sa chevauchée de Libourne à Caudrot ; nous ne savons rien de ses campements et du lieu précis de la bataille. La terre que le chef anglais a foulée est encore là cependant. Que de contrées dans le monde ont gardé l'empreinte des grands événements dont elles furent le théâtre ; pourquoi celle-ci n'aurait-elle pas conservé le lointain souvenir de l'action sanglante que nous demandons à Froissart de nous raconter aujourd'hui ?

Un examen attentif a fait souvent apparaître des vestiges que l'accumulation des siècles semblait avoir effacés pour jamais.

Qu'on jette les yeux sur l'excellente carte que publie l'État-Major, on trouvera au nord de Caudrot, à deux petites lieues, distance fixée par le chroniqueur, trois noms écrits en très petites lettres, il est vrai, mais qui, dans ce pays où ne se rencontrent que les dénominations les plus vulgaires, ont une physionomie tranchée et presque dramatique : c'est, au nord-plein, le lieu des *Saillans* (Assaillants ?) ; à un kilomètre à gauche, les *Vingt-Hommes ;* à deux kilomètres à droite, *Mille Hommes.*

Mille-Hommes, Vingt-Hommes, les *Saillans :* singulière coïncidence ! — Le *Pas-Saint-Georges,* rapprochement plus curieux encore !

Ne dirait-on pas une armée en marche ou sous la tente? Et les lieux qui parlent aujourd'hui ce langage expressif ne semblent-ils pas nous indiquer que les hommes d'armes de l'Angleterre ont établi là leur bivouac de quelques heures? La disposition, les distances, l'aspect du pays, qui, sans la destruction de beaucoup d'arbres, serait encore un des plus boisés de la Gironde (1), pas un détail qui ne se retrouve.

Le campement des Français, « en un grand val, sur une petite rivière (2), » fut envahi par la troupe anglaise, qui tomba sur le comte de L'Isle avant que le comte eût seulement le soupçon de sa présence.

Les Français se préparaient à souper, et « de celle embusche ne se donnaient nulle garde. » Les Anglais tombèrent sur eux de front, les bannières déployées, en criant : *Erby, Erby au comte!*

« Puis commencèrent à renverser tentes et pavillons, et » occire et méhaigner gens. — Ne savaient les Français auquel » entendre, tant estaient hastés ; et quand ils se trouvèrent sur » les champs pour eux assembler, ils trouvèrent archers et » arbaletriers tout appareillés qui leur trayaient et occiaient.

» Là fut prins en sa tente le comte de Laille et durement » navré ; et le comte de Pierregort en son pavillon, et messire » Roger, son oncle : et fut occis le sire de Duras, et messire » Aymar de Poitiers ; et prins le comte de Valentinois, son » frère (3).

» Chacun fuyait à qui mieux mieux : mais le comte de » Comminges, le vicomte de Carmain et celui de Villemur

(1) Les communes de Saint-Martial et de Foncaude, où sont situés *Saillans* et *Mille-hommes,* exportent, au dire de Jouannet, une grande quantité de bois à brûler. (*Statistique de la Gironde,* t. II.)

(2) Le *Pas Saint-Georges* est situé à un kilomètre et demi de Caudrot. Le grand val, la petite rivière (le Drot), la proximité de la place, toutes les conditions sont réunies.

(3) On lit dans l'éd. Buchon, chap. CCXXX : « Et occis le sire de Duras

» et celui de Bruniquel, le seigneur de La Borde, le seigneur » de Taride et autres, qui estaient logés d'autre part du » chastel, se recueillirent et mirent leurs bannières hors, et » se retirèrent sur les champs [1]. »

Les Anglais, qui avaient déjà déconfi la plus grande partie de l'armée, se précipitèrent en jetant leur cri *au plus dru* de la nouvelle troupe. Il y eut là, selon une expression familière au chroniqueur, « mainte belle appertise d'armes, mainte prise et mainte rescousse. »

La brusque intervention des assiégés dans le combat acheva la journée. Franck de Hall et les siens, voyant ce qui se passait, étaient sortis de Caudrot et avaient à leur tour assailli l'armée française.

« Que vous ferai-je long parlement? ajoute Froissart. Tous » ceux de la partie du comte de Laille qui là estaient furent » déconfits, et presque tous morts ou pris : et peu en fussent » échappés, se la nuit ne fust si tost venue. Là eut pris tant » comtes comme vicomtes jusques à neuf : et de barons, » chevaliers et escuyers tant, qu'il n'y avait homme d'armes » des Anglais qui n'en eust deux ou trois.

» Cette bataille fust devant Auberoche, la nuit de Sainct-» Laurent, l'an mil CCC XLIIII, le 10 du mois d'août [2]. »

Le lendemain matin, un peu après le lever du soleil, arriva le comte de Pembroke, avec trois cents lances et quatre mille archers. C'était un appoint formidable, mais, par malheur

» et messire Aimeri de Poitiers, et pris le comte de Valentinois, son » frère. » Il arriva précisément le contraire, fait observer l'éditeur; Louis de Poitiers, comte de Valentinois, fut tué, et son frère Aimery ou Aymar fut pris.

(1) Éd. Sauvage, vol. Ier, ch. CVIII : « *Comment le comte d'Erby print* » *devant Auberoche le comte de Laille, et d'autres comtes et vicomtes,* » *iusques à neuf.* »

(2) Le 23 octobre 1345, d'après Buchon. (Voyez pour les dates l'*Appendice* qui termine notre étude.)

pour le commandant de Bergerac, complètement inutile. Tout était fini depuis la veille. Pembroke avait appris en route « l'adventure de la bataille ; » aussi était-il de fort mauvaise humeur.

« — Certes, cousin, dit-il au comte Derby, il me semble que vous ne m'avez pas fait courtoisie ny honneur, quand vous avez combattu mes ennemis sans moy : qui m'avez mandé si à certes : et pouvez bien savoir que je ne me fusse jamais souffert, que je ne fusse venu.

» — Beau cousin, lui dit le comte, nous estions moult desirans de vostre venue, et nous souffrîmes toujours du matin jusques aux vêpres en vous attendant. Et quand nous vîmes que vous ne veniez point, nous n'osâmes plus attendre; car se nos ennemis eussent apperçu nostre venue, ils eussent eu l'avantage sur nous, et, Dieu merci, nous l'avons eue sur eux : si nous aiderez à les conduire jusques à Bordeaux. »

« Ce jour et la nuict se tinrent dans Auberoche : et len-
» demain matin ils furent tous montés et armés. Si s'en par-
» tirent et y laissèrent capitaine un chevalier de Gascongne
» de leur partie, qui s'appelait Monseigneur Alixandre de
» Chaumont [1]. »

La campagne était finie.

Deux jours après la bataille de Caudrot, le 12 août 1344, l'armée anglo-gasconne rentrait à Bordeaux, au milieu des cris de la joie la plus vive [2]. Plus de deux cents chevaliers français ornaient son triomphe [3].

[1] Alexandre de Caumont. — Caumont, ville sur la Garonne, entre Le Mas et Marmande.

[2] Peut-être faudrait-il voir dans cette rentrée triomphale l'origine d'un mot que la tradition a conservé en le dénaturant. « *Le retour de Caudrot* » dut être longtemps cité en Gascogne. De là cette expression : « *Il revient de Caudrot,* » encore en usage aujourd'hui dans la population bordelaise, et qui, détournée de son sens primitif, ne s'emploie plus que par ironie.

[3] Il y en eût eu bien davantage, si les Anglais, comme nous l'ap-

De grands résultats avaient été obtenus.

Parti le 28 juin, Derby avait, en quarante-six jours, accompli dans la Haute-Guyenne une chevauchée de deux cents lieues kilométriques prises à vol d'oiseau (cent quatre-vingts lieues communes environ), ce qui, en calculant les détours, devait en faire près de trois cents. Il avait pris, par assaut ou composition, treize villes, livré deux batailles, et envoyé à Bordeaux de nombreux otages et de nombreux prisonniers.

Avant de quitter Caudrot, il avait, le soir même de leur défaite, donné, dans la ville, à souper aux seigneurs — comtes ou vicomtes, chevaliers ou écuyers — qui étaient tombés entre ses mains. « Et rendirent les Anglais louanges » à Dieu pour ce qu'ils avaient déconfit plus de dix mille » hommes : et ils n'étaient que mille combattants [1] qu'uns » qu'autres parmi les archers : et avaient recousse la ville et » le chastel d'Auberoche, et leurs compaignons qui dedans » deux jours eussent été pris. »

V

Le rôle de Caudrot au Moyen Age.

C'est la première fois que le nom si obscur de Caudrot se produit dans l'histoire; il s'y produit avec éclat. Il ne faut pas que l'on puisse croire qu'il s'y produit arbitrairement.

Froissart lui-même a eu le soin de désigner, dans ses chroniques, l'emplacement qu'occupait Auberoche.

Dans le récit de la campagne que, trente-trois ans après le comte Derby, le comte d'Anjou fit à son tour en Guyenne, on

prend Froissart, n'en avaient reçu plusieurs sur leur foi, « à revenir dedans un certain jour à Bordeaux ou à Bergerath. »

[1] *Mille-hommes*, dit la carte de l'État-major.

lit ces mots : — « Puis chevaucherent les Français outre [1], » devant une autre bonne ville fermée : qui sied entre Sainct- » Macaire et la Riolle : et a nom *Auberoche.* »

« L'endroit fut jadis *muré,* » dit le savant Jouannet à l'article *Caudrot* [2].

Le naïf et charmant chroniqueur qui vient de nous apprendre où il faut chercher Auberoche se charge encore de rendre à ce nom si constamment défiguré sa véritable physionomie.

Au « *Tiers Volume* », chapitre XX, dans une spirituelle digression sur le naturel des Gascons et des Anglais, Froissart énumère les villes, châteaux et places fortes qui, de son temps, défendaient la Guyenne.

Cette nomenclature ne sera pas inutile; elle nous donnera une idée de l'orthographe des noms propres au XIVe siècle, et, par une exception heureuse, nous montrera Auberoche (Caudroch) écrit à peu près comme il devait l'être.

L'état défensif de la province vers l'an 1350 sera d'ailleurs la meilleure transition qui puisse nous faire passer de la campagne du Périgord à la campagne de l'Agenais.

« On se pourrait bien émerveiller, dit Froissart, en pays » loingtain et estrange, du noble royaume de France, comment il est situé et habité de cités, de villes et de chasteaux, en si grand'foison que sans nombre; car, bien autant » ès loingtaines marches en y a grand'planté, et de forts, » comme il y a au droit cueur de France. Vous en trouverez » en allant de la cité de Toulouse à la cité de Bordeaux [3], que

[1] Ils venaient de prendre Sauveterre, Sainte-Bazeille et Monségur. Quant à Caudrot, ils s'en emparèrent après un siége de quatre jours, en 1377. (Voyez Froissart, vol. II, chap. IV.)

[2] *Statistique du département de la Gironde,* t. II, p. 73.

[3] Froissart eût mieux fait de dire : De Bordeaux à Toulouse.

» je vous nommeray, séant sur la rivière de la Garonne » (qu'on appelle Gironde à Bordeaux), premièrement Lan» gurant (1), Rions, Cadilhac, Bangou (2), Sainct-Macaire, » Chastel-en-Dorthe, *Caudroch* (3), Gironde, la Rulle-Mil» lant (4), Sainctc-Basille, Marmande, Cammont (5), Ten» nus (6), Lemnas, Dagènes (7), Montour (8), Agillon (9), » Thouars, le Port-Saincte-Marie, Clermont, Agen, Ambil-

(1) *Langurant.* Il est rare que l'orthographe de ce mot ne soit pas dénaturée dans Froissart; lisez *Langoyran.*

(2) *Bangou.* Ce ne peut être que Langon.

(3) *Caudroch.* C'est la traduction de *Causdrocum,* rocher de chaux. « Caudrot est bâti sur des rochers calcaires, » dit l'abbé O'Reilly. (*Histoire de Bordeaux,* t. 1, p. 412.) — Un acte du XIIIe siècle, que cite M. Jules Delpit dans sa remarquable Notice sur un *manuscrit de la bibliothèque de Wolfenbuttel,* p. 91, mentionne plusieurs bourgeois de Caudrot; « *burgensibus de Causdroco,* » dit le texte. « *W. de Fonte qui manc apud Causdrocum,* » ajoute le même manuscrit. Du temps de Froissart, Caudrot devait en effet s'appeler Caudroch ou *Cauderoche.* Les traducteurs des chroniques en ont fait *Auberoche,* et nous *Cauderot,* double altération.

(4) La *Rullc-Millant.* C'est La Réole, chef-lieu d'arrondissement dans le département de la Gironde, et Meilhan, chef-lieu de canton dans le département de Lot-et-Garonne. Les copistes de Froissart en ont fait un seul nom. Ici, il est cependant possible de s'y reconnaître; mais ailleurs, les mêmes copistes en ont fait *la Roche-Milon.* C'est toujours La Réole et Meilhan; mais l'altération est telle, que si nous n'avions pas la *Rulle-Millant* pour nous guider, l'erreur serait bien difficile à découvrir.

(5) *Cammont;* lisez *Caumont.*

(6) *Tennus;* lisez *Tonneins.*

(7) *Lemnas, Dagènes.* Nous venons de voir ci-dessus deux mots réunis en un; voici l'opposé, un mot seul partagé en deux : c'est *Le-Mas-d'Agenais* qu'il faut lire. Comme situation topographique, *Le Mas* doit en outre être placé avant Tonneins.

(8) *Montour;* lisez *Monhurt.* Nous verrons plus loin Montour lui-même changé en Mauléon, Mauron et Maulrou. Ce sont autant de transformations de *Monhurt.*

(9) *Agillon;* lisez *Aiguillon,* au confluent du Lot et de la Garonne.

» lart [1], Chastel-Sarrazin [2], le Hedo [3], Verdun et Belle-» Mote [4] : et puis, en prenant le chemin de la rivière de » Dordonne (qui vient férir en la Garonne), ces chasteaux » assis d'une part et d'autre : Brouich [5], Fronsach, Li-» borne, Sanct-Milion [6], Chastillon [7], la Mothe, Sanct » Pensant [8], Montremel [9], Saincte-Foy, Bergerach, Mor-» quinormons [10] et Chastel-Teue [11] : et vous dy que de ces » chasteaux, sur ces rivières, les uns estaient anglais et les » autres français; et ont toujours tenu cette façon de guerre, » et ne voulaient pas qu'ils fussent autrement. N'oncques les

[1] *Ambillart,* pour *Auvillars,* chef-lieu de canton dans le Tarn-et-Garonne, près de Villeneuve-d'Agen.

[2] *Chastel-Sarrazin ;* lisez *Castel-Sarrasin.*

[3] *Le Hedo,* probablement *Ondès,* bourg au N.-N.-O. de Toulouse. Voir la carte de A. Fremin (carte de la Guyenne.) Ondès doit en outre être placé après Verdun et non avant.

[4] *Belle-mote,* sans doute Beaumont de Lomagne. Beaumont n'est pas situé sur la Garonne, mais sur la Gimone, à l'O. de Verdun, au S.-S.-O. de Castelsarrasin.

[5] *Brouich.* Le nom est complètement défiguré; c'est *Bourg* qu'il faut lire.

[6] *Sanct Milion ;* Saint-Émilion.

[7] *Chastillon ;* Castillon.

[8] *La Mote, Sainct Pensant :* La Mothe Saint-Paixens (près de Monravel). — On voit par le curieux *Index* qu'a publié M. le vicomte de Gourgues, à la suite de son remarquable travail sur les *noms anciens de la Dordogne,* qu'il existait autrefois un château de ce nom : « Castrum, » prioratus, parochia de Motha Sancti-Paxensii. » (*Index des noms anciens compris dans le Dictionnaire géographique du département de la Dordogne,* p. 126.)

[9] *Montremel ;* Montravel, château considérable près d'un autre château connu sons le nom de *la Mothe-Montravel,* et dont il ne reste aujourd'hui qu'une grosse tour. Montravel est aussi à l'état de ruine; on distingue encore son donjon à la cime d'un monticule qui domine la route de Sainte-Foy à Castillon.

[10] *Morquinormons,* que je vois dans le texte après Bergerac, n'est pas sur les cartes. Je ne trouve qu'un *Marquay* près de Sarlat.

[11] *Chastel-Teue ;* Castelnaud à l'E. de Lalinde.

» Gascons trente ans d'un tenant, ne furent fermement à un » seigneur [1]. »

On a vu quel rôle joua, au temps du comte Derby, le « fort séant sur la rivière de Garonne, » que Froissart, dans sa piquante digression sur le naturel des Gascons, appelle *Caudcroch*. Quelques détails sur le passé de cette ville, qui vient prendre place parmi les plus importantes de la Guyenne, ne seront pas sans utilité :

Le *Catalogue des Rôles gascons* nous apprend que, le 3 juin 1347, le lieu de *Caudroch* fut officiellement déclaré possession anglaise. « De loco *Causdroco* annexando coronnæ Angliæ [2]. »

« Lettres d'Edouard III, — dit l'*Inventaire de la collection* » *Brequigny,* même jour et même année, — par lesquelles » le roi d'Angleterre confirme l'union de *Causdroco,* dans le » diocèse de Bazas, à la couronne d'Angleterre. » Ces ordonnances de réunion à la couronne se produisaient d'habitude à la suite des guerres qui éclataient si fréquemment entre les deux partis. Elles étaient la consécration des succès obtenus : c'est ainsi qu'on voit, à cette époque, Saint-Macaire, La Réole, Bazas, Tonny-Charente, annexés à l'Angleterre [3].

Il était rare qu'une conquête ou une rentrée en possession, n'amena point l'ordre de réparer les murs de la ville ou d'y bâtir un château. Le fait se produisit à Caudrot. Nous trouvons dans l'*Inventaire de Brequigny* le passage suivant : « 1348, 28 juillet. — Lettres d'Édouard III aux jurats et habi- » tants de la ville de *Caudroc,* par lesquelles il leur permet » de lever, durant dix ans, sur les vins et les autres marchandi-

(1) Éd. Sauvage, vol. III, chap. XX, p. 75 : « *Petite digression sur le naturel des Gascons du temps de Froissart, et des Anglais aussi.* »

(2) *Rôles gascons,* t. I, p. 119.

(3) *Inventaire de la collection Brequigny,* cahier XIX.

» ses, certains droits dont le produit sera employé à construire » un château dans ladite ville et à *en réparer les murs.* »

Ici, une objection se présente assez naturellement à l'esprit : l'ordre de construire un château semble indiquer que Caudrot n'en avait pas. Cependant, Froissart parle à plusieurs reprises du *chatel d'Auberoche :* n'y a-t-il pas contradiction? — La contradiction n'est qu'apparente. Pour s'en assurer, il suffit d'entrer dans les détails et de lire attentivement l'histoire du siége. Les engins des Français étaient d'une telle puissance et envoyaient des projectiles d'un si grand poids, que, dès l'origine, les combles des tours en furent effondrés, et que Franck de Hall et les siens furent obligés de se réfugier dans des chambres voûtées, *au raz de terre.* Quand les quartiers de roc arrivaient et frappaient contre les murs, il semblait, dit Froissart, que ce fût « foudre qui chût du ciel. » On comprend ce qu'au bout de cinq à six jours devait être le château : une ruine qui nécessita la construction d'un nouveau fort, tandis que les murs de la ville, moins endommagés, ne parurent demander qu'une simple réparation.

Du reste, le doute à cet égard ne saurait être permis : le tome II des *Archives historiques de la Gironde,* publiées sous la direction de M. Delpit, nous fournit une pièce qui constate l'existence d'un premier château. C'est une confirmation de priviléges adressée par Édouard II aux habitants des villes, cités et châteaux du Bazadais; on y mentionne, sous la date du 18 mai 1316, le château de Caudrot [1].

[1] « *Castri Caudroci,* » t. II, p. 321. — Le château de Caudrot, situé sur la Garonne au-dessous de La Réole, au-dessus de Saint-Macaire, n'était pas, on le voit, une place indifférente au Moyen Age. Quand La Réole, ce qui arrivait assez souvent, tombait au pouvoir des Français, Caudrot devenait un des forts avancés de la domination anglaise. Il n'est pas étonnant que cette puissance cherchât à mettre le château et la ville à l'abri d'un coup de main.

IIe PARTIE

CAMPAGNE DE 1345.

I

Chevauchée de l'Agenais.

La campagne de 1344 avait duré un mois et demi. En déduisant vingt-deux jours (deux jours passés à Bergerac, trois à Lalinde, six devant Pellegrue, sept jours environ de repos ([1]) dans la capitale de la province avant la bataille de Caudrot, et un jour enfin employé à attendre Pembroke), il resta vingt-quatre jours au comte Derby pour faire ses deux à trois cents lieues et occuper ses treize villes. Ce fut une moyenne d'une ville prise et de vingt lieues parcourues en deux journées ([2]).

La campagne de 1345 fut plus longue. Elle dura environ six mois. Il y eut cependant moins de villes à prendre, et, si l'on ne veut voir que la chevauchée de l'Agenais, moins de distance à parcourir; mais il faut considérer que de plus grandes difficultés furent à vaincre. Le comte Derby ne s'en tint pas d'ailleurs, cette année, à une seule expédition; il en fit deux : la première, dans l'Agenais; la seconde, en Saintonge.

([1]) Ce chiffre de sept jours est tout à fait arbitraire. J'ai cru qu'il n'était pas déraisonnable d'accorder une semaine au comte Derby avant de le ramener devant Caudrot. D'un autre côté, il fallut au moins ce temps au comte de L'Isle pour réunir ses barons, investir la place et pousser le siége avec vigueur.

([2]) Il est bon de remarquer que plusieurs de ces villes se rendirent sans assaut, ou ne se laissèrent assaillir que pour la forme.

Il partit le 15 mai, après avoir passé tout l'hiver à Bordeaux, *festoyé* par les bourgeois, qui ne savaient comment lui témoigner leur contentement.

Il se rendit d'abord à Bergerac, où il trouva le comte de Pembroke, « qui avait fait aussi son mandement. »

« Si furent ces seigneurs et leurs gens trois jours dedans » Bergerath, et au quatrième (le 20 mai?) s'en partirent. » Quand lesdits Anglais furent sur les champs, ils émeurent » leurs gens et se nombrèrent, et se trouvèrent bien environ » mille combattants et deux mille archers. Lors chevauchè- » rent tant, qu'ils vinrent devant un chastel qu'on nomme » *Saincte-Basille* : lequel ils assiégèrent de tous lez. Ceux du » chastel considérerent que les plus grands barons de Gas- » congne estaient prisonniers, et qu'ils n'auraient secours de » nul costé : si que, tout considéré, iceux jurèrent féauté au » roy Édouard d'Angleterre.

» Lors passa ledit comte d'Erby outre, et prit le chemin » devers Aguillon. Mais, ainçois qu'il y parvint, trouva le » chastel de la Roche-Milon ([1]) qui estoit bien pourveu de » soudoyers et d'artillerie. »

Le comte le fit assaillir. Mais « ceux de dedans gettaient bancs et grands barreaux de fer, et pots pleins de chaux. » Pour épargner les siens, qui se faisaient tuer sans résultat, Derby remplaça l'assaut par la brèche. Il fit, dès le lendemain, combler les fossés par les *villains du païs,* qui apportèrent, sur son ordre, « grand'foison de bûches et de falourdes. »

([1]) Il n'y a pas de la Roche-Milon. C'est, comme nous l'avons indiqué page 41, Meilhan, chef-lieu de canton, situé non loin de La Réole, qu'il faut voir ici. Froissart avait peut-être écrit que le comte Derby, en route pour Aiguillon, « ainçois qu'il y parvint, trouva *lez chastel de La Réole, Meilhan;* » on aura pris le mot *lez* (près de) pour l'article *le,* négligé la virgule, et obtenu ainsi le château de la Roche-Milon.

Il plaça ensuite à portée, « en bonne ordonnance, » trois cents archers, et fit avancer deux cents *brigands paveschés* (couverts de pavois); lesquels, à grands coups de pics et de *havels* de fer, se mirent à trouer la muraille. Le moyen réussit. Une ouverture à laisser passer dix hommes de front fut bientôt pratiquée.

« Lors s'ébahirent ceux du chastel et de la ville, et se tirè-
» rent par devers l'église : et aucuns vinrent par derrière.
» Ainsi fut prise la forteresse de la Roche-Milon, et toute
» robée, et occis la plus grand'partie d'eux, exceptés ceux
» qui s'estaient retraits dedans l'église : lesquels le comte
» d'Erby fit sauver, car ils se rendirent simplement à sa
» voulonté (1). »

Le comte laissa dans la place deux écuyers d'Angleterre, et — en lui donnant pour le siége une moyenne de trois jours (2) — dut partir de Meilhan vers le 26 mai.

Il se rendit devant Monségur, où il fut arrêté quinze jours (3), c'est-à-dire jusqu'au 11 juin à peu près.

C'était messire Hugues de *Bastefol* (4) qui était gardien de la ville. Le comte Derby s'était installé devant la place en homme qui se dispose à un long siége; il avait logé ses gens et « fait construire maisons pour eux et pour leurs chevaux. »

Messire Hugues se défendait vaillamment; aussi l'attaque était-elle vive et soutenue.

« Et sachez qu'il n'y eut oncques jours qu'il n'y eust
» assaut : et y furent chariés les grans engins de Bordeaux

(1) Sauvage, vol. Ier, chap. CIX. « *Des villes que le comte d'Erby prit en Gascogne, en chevauchant vers La Riole.* »

(2) Le comte Derby n'avait pas rencontré de résistance à Sainte-Bazeille. On est en droit de présumer qu'il dut quitter cette ville vers le 22; ce qui nous conduit au 26 pour le départ de Meilhan.

(3) C'est Froissart qui détermine lui-même la durée du siége : « Et y fut le comte d'Erby quinze jours. »

(4) Badefol.

» et de Bergerath, dont les pierres qu'ils gettaient rompaient » tout, et murs et tects, et sales et grans manoirs. »

Le comte Derby faisait dire en même temps aux habitants de la ville, que s'ils étaient pris par la force, *ils seraient tous morts;* on les tiendrait, au contraire, *à bons amis,* s'ils se rendaient volontiers.

Ceux de la ville se fussent bien rendus; mais Hugues de Badefol n'était pas de cet avis. « On pouvait encore tenir demi-an, disait-il, car la place était bien pourvue, et les Anglais étaient toujours au delà des fossés. »

Les habitants de Monségur feignirent d'écouter ses conseils. « Lors se partirent de luy, ainsi comme à bon gré; » mais, au vespre, ils l'emprisonnèrent moult estroitement, » et lui dirent que jamais n'en istrait, s'il ne leur aidait à » accorder au comte d'Erby : et quand il eut juré qu'ils en » ferait son devoir, ils le déprisonnèrent : et adonc vint il » aux bailles de la ville, et fit signe qu'il voulait parler au » comte d'Erby. »

Gautier de Mauny se présenta.

« — Sire de Mauny, lui dit le capitaine, vous ne vous devez pas émerveiller se nous fermons les portes contre vous, car nous avons juré féauté au roy de France. Or, voyons nous que personne de par luy ne vous deffend les champs, et croyons que vous chevaucherez encore outre. Par quoy, pour moy et les hommes de ceste ville, vous prions que nous puissions demourer en composition, que vous ne nous faciez point de guerre, ne nous à vous le terme d'un mois : et se, dedans iceluy, le roy de France ou le duc de Normandie venaient en ce pays, si forts que pour vous combattre, nous serons quittes de noz convenances; et, s'ils ne venaient, ou l'un d'eux, nous nous mettrons en l'obeissance du roy Édouard d'Angleterre. »

Le comte Derby accepta les propositions de messire Hugues,

se fit donner par les habitants de Monségur douze de leurs meilleurs bourgeois, qu'il envoya comme otages à Bordeaux, et partit après s'être ravitaillé de tout ce dont il avait besoin, mais, fait observer le chroniqueur, sans entrer dans la ville.

Il se dirigea, en *exilant* tout le pays, vers le château d'Aiguillon. Le châtelain qui commandait la place pour le roi de France n'attendit pas l'attaque des Anglais; il alla lui même au devant du comte, et lui porta les clefs.

Ce chastel, « séant en la pointe de deux grosses rivières, » — le Lot et la Garonne, — était une position importante. « Si le fit, le comte d'Erby, rafreschir et reparer aussi, pour » y avoir son retour, et en faire son garde-corps : et le bailla » en garde à messire Jehan de Gombry. Puis vint le comte à » un chastel appelé Ségart ([1]), qu'il prit par assaut, et furent » morts tous les soudoyers estrangers qui dedans estaient; et » d'illecques vint devant la ville de La Riole. »

II

Siége de La Réole.

Si nous tenons compte du temps qu'il fallut aux Anglais pour aller de Monségur à Aiguillon et d'Aiguillon au château de *Ségart,* c'est vers le 21 juin qu'ils durent arriver devant La Réole.

([1]) Le lieu que l'édition Sauvage appelle *Ségart* porte le nom de *Ségrat* dans l'édition du *Panthéon littéraire.* S'il y a deux orthographes, il y a aussi deux applications : Ségart peut être placé à Ségalas au S.-E. d'Eymet, ou à Castel-Sagrat au N.-O. de Moissac. Buchon penche pour ce dernier lieu, car, au mot *Ségrat,* il fait un renvoi ainsi conçu : « Peut-être Castel-Sacrat. » — Castel-Sagrat se recommande par son importance. Cette place est mentionnée une fois ou deux dans les guerres du XIVe siècle; on la retrouve, en outre, dans les *comptes* des revenus et dépenses des sénéchaussées d'Aquitaine, sous le Prince

Le siége fut long.

Le temps où *ceux de Monségur* devaient se rendre arriva, et La Réole n'était pas encore prise.

Le comte Derby, cependant, ne s'endormait pas : il faisait donner l'assaut tous les jours, et bloquait la place si étroitement, que « nulles pourveances ne les vivres ne pouvaient entrer dedans la ville. »

Pour en finir, il fit charpenter en fort merrain deux gros *beffrois* recouverts de cuir bouilli et montés sur quatre roues. Chaque beffroi avait trois étages, et chaque étage une compagnie de cent archers. Ces deux forteresses de bois et de cuir furent roulées avec leur garnison jusqu'au pied des murs; elles étaient destinées à occuper l'ennemi et à protéger le travail des deux cents piqueurs couverts de pavois, qui, avec

Noir (1363-1370). A l'article *Agenensis*, on lit ces mots : « Balliva salvitatis de Saberiis et Castrisacrati. » (*Collection générale des Documents français*, recueillis en Angleterre par Jules Delpit, t. I, p. 161.) Castel-Segrat, en revanche, est fort éloigné d'Aiguillon et de La Réole : il est à douze lieues de la première ville, à vingt et une de la seconde. — Ségalas se recommande par des arguments contraires. Il a pour lui sa proximité (huit lieues et demie d'Aiguillon, dix lieues et demie de La Réole); il a contre lui le silence de l'histoire et des documents originaux.

Sous le rapport stratégique, Derby, ce semble, devait plutôt aller à Ségalas qu'à Castel-Sagrat. Il se rapprochait ainsi de La Réole, qui était, il est bon de le remarquer, le premier but de son expédition. Froissart, en racontant les préparatifs de la campagne, s'exprime clairement à cet égard : « Quand vint après Pâques, qu'on compte l'an » mil trois cent quarante et cinq, environ la mi-may, le comte d'Erby, » qui s'estait tenu tout l'yver à Bordeaux, fit un grand amas de gens » d'armes et d'archers, et dit qu'il voulait faire une chevauchée devers » La Réole, que les Français tenaient. » D'un autre côté, nous voyons, après son entrée à Aiguillon, le comte Derby faire réparer la ville et le château « pour y avoir son retour et en faire son garde corps. » Il voulait donc aller plus loin. Ces diverses autorités mises en balance, et bien qu'elles se fassent à peu près équilibre, j'ai cru devoir me prononcer pour Castel-Sagrat.

leurs *havets* de fer, avaient si bien troué la muraille de Meilhan.

Cette fois encore le moyen réussit. Les piqueurs eurent bientôt rompu et enlevé une telle quantité de pierres, que les habitants de La Réole s'en émurent et demandèrent à se rendre. La garnison française, commandée par un Provençal, Agout de Baulx, ne fut point d'aussi bonne composition : dès les premiers symptômes de faiblesse chez les bourgeois, elle s'était retirée au château des Quatre-Sos, où, à l'abri de ses épaisses murailles, elle pouvait se rire longtemps encore des beffrois et des engins de Bordeaux.

Le comte Derby n'en avait été que mieux disposé à accueillir la demande des habitants.

« — Allez, allez, dit-il à Gautier de Mauny et à Stafford, qui lui avaient apporté la nouvelle, prenez-les à merci ; par la ville aurons nous le chastel.

» — Cher sire, dirent les bourgeois de La Réole au comte Derby, en lui présentant les clefs de la ville, de ce jour en avant nous recongnaissons à estre vos féaux et subgets, et nous mettons du tout en l'obeissance du roy d'Angleterre. »

« Et jurèrent sur la teste, ajoute le chroniqueur, qu'ils ne » conforteraient en rien ceux du chastel de la Riole, mais les » *greveraient de tout leur pouvoir* (1). »

Ce petit détail est significatif. La Réole était au Moyen Age une des villes frontières du pays de Guyenne ; elle avait pu tomber, par fortune de guerre, dans les mains de la France, elle était restée bordelaise, ou, si l'on veut, gasconne de cœur. Et être Gascon alors, c'était bien plutôt être Anglais que Français.

(1) Éd. Sauvage, vol. Ier, chap. CX. — « *Comment le comte d'Erby meit le siége devant La Riole, et comment la ville se rendit à lui.* »

Anglais et Gascons, hommes d'armes de Bordeaux et habitants de La Réole, avaient beau réunir leurs efforts et « grever de tout leur pouvoir » le château des Quatre-Sos, le château des Quatre-Sos était « moult haut et de pierre dure; » les quartiers de rocs que lui envoyaient nuit et jour les engins ne pouvaient mordre sur lui.

Derby ne put l'avoir que par la mine.

Comme il n'était pas sans mineurs, au dire de son historien, il y envoya ses ouvriers. Ceux-ci ouvrèrent si bien, qu'ils parvinrent, en creusant leurs galeries, jusque sous le château, qui — à l'exception du donjon, bâti sur le roc, et qu'on ne pouvait entamer — se trouva, à la fin des travaux, ne reposer à peu près que sur étançons (1).

« Lors monseigneur Agos des Bans, capitaine, dit à ses » compaignons qu'ils estaient minés et en grand péril. Lors » furent les compaignons en grand effroy :

« — Sire, lui dirent-ils, vous êtes en grand méchef et nous aussi, se remède n'y est mis. Vous êtes notre chef et vous devons obéir. Vray est que honorablement nous sommes cy tenus : et n'aurons nul blasme désormais de nous composer. Si parlons au comte d'Erby, à savoir s'il nous voudrait laisser d'ici départir sauf noz corps et noz biens : et nous lui

(1) « Tant ouvrèrent ses mineurs, dit Froissart, qu'ils vindrent sous » le chastel, si avant qu'ils abattirent une basse court ès cengles du » chastel. Au dongeon ne pouvaient ils mal faire, car il estait massonné sur une roche dont on ne pouvait trouver le fons. » Ce n'est pas le donjon seul, comme le prouve très bien M. Leo Drouyn dans la *Guienne anglaise*, œuvre d'art et œuvre d'histoire d'un rare mérite, c'est le château entier, qui, à l'exception d'une tour, était bâti sur le roc. Agout de Baulx n'avait donc pas à craindre de voir s'écrouler la forteresse; et s'il se rendit, c'est, ou qu'il ne connaissait pas le véritable état de la mine, ou qu'il n'était pas fâché de trouver un prétexte honorable pour brusquer le dénouement devenu inévitable, et abandonner une défense possible encore, sans doute, mais au prix des souffrances et des privations les plus cruelles.

rendrons la forteresse, puis qu'autrement nous ne pouvons finer (1). »

Agout de Baulx se prêta de la meilleure grâce du monde au désir de ses compagnons. Il descendit de la grosse tour, mit la tête à une fenêtre basse, fit signe aux Anglais qu'il avait à leur parler.

Le comte Derby, « qui eut grand desir de savoir quelle » chose messire Agos voulait dire, monta tantot à cheval et » emmena avec lui messire Gautier de Mauny et messire » Richard de Stanfort, et leur dit :

« — Allons jusques à la forteresse voir et savoir que le capitaine nous veut. »

« Si chevauchèrent celle part. Quand ils furent là venus, » messire Agos ota son chaperon tout jus, et les salua belle- » ment l'un après l'autre, et puis dit :

« — Seigneurs, il est bien vray que le roy de France m'a envoyé en cette ville et en ce chastel pour le garder et défendre à mon loyal pouvoir : vous savez comment je m'en suis acquitté, et voudrois encore faire ; mais toujours ne peut-on pas demeurer en un lieu. Je m'en partirois volontiers, et aussi tous mes compagnons, s'il vous plaisoit ; et voudrions aller demeurer autre part, mais que nous eussions votre congé. Si nous laissiez partir, saufs nos corps et nos biens, et nous vous rendrons la forteresse. »

» Adonc répondit le comte Derby, et dit :

« — Messire Agos, messire Agos, vous n'en irez pas ainsi : nous savons bien que nous vous avons si étreints et si menés que nous vous aurons quand nous voudrons ; car votre forteresse ne gît que sur étais : si vous rendez simplement, et ainsi serez vous reçus. »

» Lors respondit messire Agos, et dit :

(1) Froissart, éd. Sauvage, t. I, chap. CXII.

« — Certes, sire, s'il nous convenoit entrer en ce parti, je tiens en vous tant d'honneur et de gentillesse que vous ne nous feriez fors toute courtoisie, ainsi que vous voudriez que le roi de France ou le duc de Normandie fît à vos chevaliers ou à vous-même, si vous étiez au parti d'armes où nous sommes à présent. Si ne blesserez mie, s'il plait à Dieu, la gentillesse ni la noblesse de vous, pour un peu de soudoyers qui ci sont, qui ont gagné à grand peine leurs deniers, et que j'ai amenés avec moi de Provence, de Savoye et du Dauphiné de Vienne; car sachez que, si le moindre des notres ne devait aussi bien venir à merci comme le plus grand, nous nous vendrions ainçois tellement que oncques gens assiégés en forteresse ne se vendirent en telle manière. Si vous prie que vous y veuillez regarder et entendre; et nous faites compagnie d'armes; si vous en saurons gré (1). »

C'était dire qu'il offrait de rendre la place, « sauf les corps et les biens. »

Derby, Gauthier de Mauny et Stafford se retirèrent, et, une fois à l'écart, tinrent conseil : « Finalement ils regardèrent » la loyauté de messire Agos, et qu'il estait étranger, et » qu'aussi on ne pouvait miner la grosse tour du chastel. »

« — Monseigneur Agos, lui dirent-ils, nous voudrions faire à tous chevaliers estrangers bonne compaignie. Si voulons, beau sire, que vous partez et tous les vostres; mais vous n'emporterez que vos armeures.

« — Ainsi soit fait, dit messire Agout. »

« Lors se tira à ses compagnons et leur dit comment il » avait exploité. Lors s'armèrent et sellèrent leurs chevaux » dont ils n'avaient que six. Les aucuns en achetèrent des » Anglais : qui leur vendirent bien cher (2). »

(1) Froissart, éd. Buchon, t. I, p. 201.

(2) Sauvage, vol. Ier, chap. CXII. — « *Comment le comte d'Erby conquit le chastel de La Riole.* »

Agout de Baulx partit pour Toulouse et les Anglais se saisirent du château.

Le siége avait duré « plus de neuf semaines, » dit Froissart en premier lieu, « plus de onze, » dit-il ensuite; toujours est-il qu'on se trouvait *bien avant dans la saison*. D'après les calculs approximatifs, ce ne fut donc pas avant les premiers jours de septembre (du 5 au 7?) que l'armée anglo-gascone put reprendre sa marche si longtemps interrompue.

Montpezat, Monhurt, Villefranche, Miramont, Tonneins et Damazan furent pris par le comte, et dans l'espace de trois semaines à peu près, en lui accordant un jour pour le voyage et deux jours pour la capitulation, car il fut presque partout obligé de recourir à l'assaut.

III

Prise de Monhurt.

Une seule affaire présenta quelque intérêt : la prise de Monhurt.

L'expédition de l'Agenais semble avoir été destinée à passer en revue tous les genres de guerre usités au Moyen Age.

Le château de Sainte-Bazeille avait été pris par l'intimidation, Meilhan par la sape, Monségur par la connivence des habitants, La Réole par le jeu des beffrois, le château des Quatre-Sos par la mine; Monhurt (1) fut pris par la ruse.

Le comte Derby venait de s'emparer de Montpezat par

(1) Froissart dit *Maulrou* dans l'édition Sauvage, et *Mauron* dans l'édition du *Panthéon littéraire;* j'ai traduit par *Monhurt*. Buchon s'est prononcé pour une autre ville. « Ce doit être, dit-il, Castelmoron, bourg de l'Agenais, peu éloigné de Mont-Pezat, de l'autre côté du Lot. » (Liv. Ier, Part. Ire, chap. CCXLIII.) J'ai moi-même un instant hésité en faveur de Castelmoron; et si j'ai donné la préférence à Monhurt, c'est que le stratagème imaginé par le sire de Caumont

escalade, « eschellement, » dit l'auteur des *Chroniques,* lorsqu'il se présenta devant la ville de Monhurt. Il lui donna l'assaut, mais sans résultat, et dut pour cette nuit se loger hors des murs.

« Le lendemain un chevalier de Gascogne qui avait nom messire Alexandre de Chaumont (Caumont), dit au comte :

— « Sire, faites semblant de vous déloger et tirer autre part : et laissez un petit de vos gens devant la ville. Ceux de céans istront tantost (de tant les congnais-je bien), et vos gens qui seront demourez, se feront chacer, et nous serons en embusche dessous ces oliviers. Si tost qu'ils seront passés, une partie retournera sur eux, et l'autre devers la ville. »

Le comte Derby suivit ce conseil. Il *fit trousser chars et sommiers,* laissa devant Monhurt le comte de Kenford avec cent hommes, et s'en vint en longeant la place à environ demi-lieue. Il y avait là un petit vallon planté de vignes et d'oliviers ; il y établit son embûche et continua sa route.

La ruse eut un plein succès.

« — Or tost issons, s'écrièrent les habitants de Monhurt en voyant ce départ, et allons combattre aux ennemis, en ce tantet d'Anglais qui sont demourés derrière, car tantost les aurons déconfits et mis à merci. Si sera honneur et profit à nous grandement. »

Ils sortirent au nombre de 400.

Le comte de Kenford feignit de battre en retraite et les attira du côté de l'embuscade, qu'ils eurent bientôt dépassée.

semblait guider mon choix. Le sire de Caumont ne paraît inspiré dans cette circonstance que par la connaissance du pays et de ses habitants. Il fallait qu'il fût leur voisin. Or, Caumont est situé comme Monhurt sur la Garonne et à quatre lieues environ. Castelmoron est situé sur le Lot et au moins à une distance double. — L'abbé Montlezun, qui a écrit une *Histoire de la Gascogne* imprimée à Auch, a placé Maulrou à Mauléon, au pied des Pyrénées. Le comte Derby en aurait été quitte pour une centaine de lieues, aller et retour!

Les hommes postés dans le vallon s'élancèrent aussitôt en avant, en criant : *Mauny! Mauny au seigneur!* car messire Gauthier était leur chef.

Une partie du corps se jeta sur les habitants de Monhurt; l'autre se dirigea vers la ville pour leur couper la retraite.

Les Anglais s'emparèrent du pont et des portes, si bien que les assiégés pris, de tous côtés à la fois, n'eurent plus qu'à se rendre. Le comte Derby se montra généreux. Il reçut les vaincus à merci et empêcha « par gentillesse » le pillage et le sac de la place.

Ce ne fut pas tout. Il fit encore présent de la ville et de toute la seigneurie à Alexandre de Caumont, « par l'avis duquel elle avait été gaignée. » Alexandre en fit châtelain un de ses frères Antoine de Caumont; et pour mieux la garder, le comte Derby lui laissa ses archers « et quarante Bidaux à tous pavas. »

La prise de Villefranche-en-Agenais, de Miramont (1), de

(1) *Miramont;* Miremont, dit Sauvage. — Il y a deux Villefranche et deux Miramont dans le pays désigné jadis sous le nom d'*Agenais* : un premier Villefranche (Villefranche de Belvès), que nous appellerons, eu égard à son importance, Villefranche *le grand*, situé sur les confins du Périgord, au N.-E. de Villeneuve-d'Agen; un second Villefranche, que nous appellerons Villefranche *le petit*, situé à l'O. d'Aiguillon; — un premier Miramont, Miramont *le grand*, situé au S. d'Eymet, pas bien loin du Drot; un deuxième Miramont, Miramont *le petit*, situé à l'E. et à une lieue d'Aiguillon. Nous avons donné la préférence à Villefranche *le petit* et à Miramont *le petit*, à cause du voisinage de la Garonne et de l'intérêt que le comte Derby avait à s'emparer de ces places pour enlever complètement aux Français les rives du fleuve. Le choix de Miramont *le petit* nous met toutefois en contradiction avec le texte de Froissart : « Quand le comte Derby, dit-il (chap. CXIV, » t. I), eut à sa voulonté Villefranche, il chevaucha devers Miremont, » en approchant Bordeaux; car oncques ses coureurs à celle fois » n'approchèrent le Port-Saincte-Marie. » Or, Miramont étant à l'E. de Villefranche, c'est précisément le contraire qui dut avoir lieu : Derby s'éloigna de Bordeaux et se rapprocha du Port-Sainte-Marie. Il peut y avoir eu confusion dans l'esprit de Froissart ou dans celui de ses

Tonneins et du *fort chastel* de Damazan (Damassen, dit Froissart) termina la campagne sur les rives et dans le bassin de la Garonne.

Villefranche, Tonneins et Damazan coûtèrent peu d'efforts au chef de l'armée anglaise : « Ainsi chevauchait le comte » d'Erby le païs, de costé et d'autre : ne nul ne luy allait au » devant : et conquerrait villes et châteaux : et conquerraient » ses gens si grand avoir que merveilles serait à penser [1].»

Miramont paraît seul avoir fait quelque résistance. Derby resta devant la place trois jours pleins et n'y entra que le quatrième.

IV

Chevauchée de la Saintonge.

Le comte Derby, maître du cours de la Garonne jusqu'au delà du Lot, changea brusquement le théâtre de ses opérations.

Il se porta de l'Agenais dans l'Angoumois et la Saintonge.

Les calculs de probabilité le font partir de Damazan du 24 au 26 septembre. Il se dirigeait sur Angoulême ; en lui donnant cinq jours pour son trajet, il dut y arriver vers le dernier du mois, après avoir fait étape selon toute vraisem-

traducteurs. Pour des hommes qui ne connaissaient pas au juste la position des lieux, rien n'était plus facile à commettre que cette erreur. Ce qui tendrait à le prouver, c'est que dans le récit de la campagne suivante (1346), où furent reprises par le duc de Normandie plusieurs villes de l'Agenais, Froissart se met en opposition avec lui-même. Les Français, partis de Toulouse, arrivent en Aquitaine. La première ville qu'ils prennent est Miramont ; Villefranche vient après. Il fallait donc que Miramont fût plus rapproché de Toulouse, plus loin par conséquent de Bordeaux. (Voyez Froissart, vol. Ier, chap. CXIX.)

(1) Éd. Sauvage, vol. Ier, chap. CXIII. — « *Comment le comte d'Erby print la ville de Maulrou et puis Villefranche en Gascogne.* »

blance à La Réole d'abord, à Libourne ensuite. Derby investit la place. Angoulême, entourée de tous côtés par les Anglais, ne voulut pas attendre que la famine l'obligeât à ouvrir ses portes. Elle se rendit ; mais, à l'exemple de Monségur, sous condition qu'elle ne serait point secourue avant un mois par le roi de France.

Le comte Derby reçut en otages 24 bourgeois des plus riches, les envoya à Bordeaux et leva le siége.

Le campement devant Angoulême, le blocus et les pourparlers de la capitulation ne demandèrent guère moins d'une semaine. On peut donc fixer, sans s'écarter beaucoup de la vérité, au 6 octobre le jour de son départ.

Il se porta sur Blaye ([1]) qu'il assiégea *de tous points,* mais inutilement.

Guichard d'Angle et Guillaume de Rochechouart défendaient la ville; ils résistèrent aux propositions et aux menaces aussi bien qu'aux assauts.

On resta plus d'un mois devant cette forteresse; et quand vint l'époque de la reddition d'Angoulême, c'est à dire le 5 ou le 6 novembre (?), les Anglais y étaient encore. Ils avaient, il est vrai, essayé de mettre à profit la longueur du siége.

Ils avaient fait quelques courses, tant sur les bords de la Gironde que dans l'intérieur.

Ils étaient allés assiéger la ville de Mortagne.

La tentative ne réussit point. Mortagne pas plus que Blaye ne pouvait être investie. La Gironde laissait à l'une comme à l'autre l'accès de la mer; et La Rochelle y pouvait aisément expédier des vivres et des secours.

Les Anglais durent le comprendre; ils renoncèrent à s'emparer de Mortagne et se dirigèrent sur Mirambeau; de

([1]) *Blasmes,* dit Froissart dans l'éd. Sauvage.

Mirambeau ils vinrent à Aulnay (1), et reprirent enfin la route de Blaye.

Cependant « l'hiver s'approchait. » Il y avait si longtemps qu'on était devant la ville, sans y avoir obtenu le moindre avantage, que les assiégeants en étaient « tous hodés et lassés (2); » aussi eurent-ils conseil, nous apprend le chroniqueur, « qu'ils se retireraient à Bordeaux jusques au nouveau » temps : et se délogèrent et passèrent la Gironde et vinrent » à Bordeaux; et tantôt après le comte d'Erby départit toutes » ses gens et envoya chacun en sa garnison, pour mieux » entendre aux besongues sur la frontière, et estre aussi plus » au large (3). »

Anglais et Gascons étaient de bons soldats, mais ils n'aimaient pas l'hiver; en revanche, ils aimaient fort la ville de Bordeaux où ils recevaient tous les ans à leur rentrée un si gracieux accueil; on voit que le souvenir de cette hospitalité les avait suivis jusque sous les murs de Blaye, qui fût peut-être tombé à la fin dans leur pouvoir s'ils avaient montré moins d'empressement à lever le siége.

(1) « Si eut grand assaut, dit Froissart, en parlant de Mortagne, qu'il » appelle *Mortaigne en Poitou*; mais rien n'y firent; ains y laissèrent » plusieurs de leurs morts et blecés. Si s'en retournèrent et furent » devant *Mirebel* et devant *Aulny*. » Froissart ne dit pas explicitement si Mirambeau et Aulnay furent pris; mais je crois qu'on ne peut guère en douter, surtout pour Aulnay, que nous allons voir plus loin (campagne 1346), sous le nom d'*Athénis, repris* par l'armée française.

(2) Ces deux mots sont empruntés à l'édition Buchon.

(3) Éd. Sauvage, vol. Ier, chap. CXIV. — « *Comment le comte d'Erby conquit la cité d'Angoulesme.* »

IIIe PARTIE

CAMPAGNES DE 1346

I

Le duc de Normandie dans l'Agenais et l'Angoumois.

Les deux campagnes que Henri de Lancastre avait si brillamment conduites avaient beau être terminées, la guerre était loin d'être finie.

L'année 1346 vit s'accomplir en Guyenne de nouvelles expéditions dont la France cette fois eut l'initiative, et dans lesquelles le comte Derby, contenu par des forces dix fois supérieures, ne figura point ou ne figura que tardivement.

Le duc de Normandie, fils du roi Philippe, suivi de « cent mille têtes armées, » accompagné de presque toute la noblesse de France, ayant avec lui le duc Odes de Bourgogne, le comte d'Artois, son fils, le comte de Bourbon, le dauphin d'Auvergne, le sire de Coucy, le sire de Montmorency et une foule d'autres, partit de Toulouse après la Noël (décembre 1345), suivit d'abord le cours de la Garonne, puis remonta vers la Saintonge sans rencontrer l'ennemi. Le prince Jean en profita pour se remettre en possession de plusieurs des villes que le comte Derby lui avait enlevées.

Il reprit ainsi aux Anglais, dans le Midi, Miramont et Villefranche; au Nord, Aulnay (1) et Angoulême. La ville

(1) *Athénis,* dit le texte de Sauvage; *Anchenis,* dit le texte de Buchon, qui, fidèle à son procédé géographique, traduit par Ancenis, sans faire attention qu'Ancenis est en Bretagne, à huit lieues N.-E. de Nantes. Aulnay ou Aulny n'est au contraire qu'à une quinzaine de lieues d'Angoulême. Or, ce fut, comme Froissart nous l'apprend, pendant le

d'Angoulême prise, — et elle le fut par la famine et par le mauvais vouloir des habitants envers la garnison, plutôt que par l'effort des armes françaises, — le duc de Normandie quitta l'Angoumois, revint dans l'Agenais et s'empara successivement de Damazan, de Tonneins et du Port-Sainte-Marie ([1]). On avait déjà passé Pâques lorsqu'il entra dans cette dernière ville. Angoulême avait été prise le 3 février, le lendemain de la Purification ; on était à peu près à la fin d'avril ([2]) lorsque le *Port-Sainte-Marie* fut occupé. On employa près de trois mois pour prendre trois villes.

Le duc de Normandie était moins expéditif que le comte Derby.

Il est bon cependant de remarquer qu'il avait avec lui une armée formidable, et qu'une grande armée ne voyage jamais aussi facilement qu'un corps de troupes de deux ou trois

siége d'Angoulême qu'une courte expédition fit tomber Aulny entre les mains des Français. « Lors montèrent à cheval une vesprée : et » chevauchèrent toute la nuit, jusques au point du jour q̂ l'aube cre- » vait. Si vinrent devant une grosse ville : qui *nouvellement s'estait* » *rendue aux Anglais* (*a*); si l'appelait-on Athenis. » (Sauvage, liv. Ier, chap. CXIX.)

([1]) *Port-Sainte-Marie.* Nous n'avons pas vu dans la campagne de 1345 qu'il eût été question de la prise du *Port-Sainte-Marie* par Derby. Il y a donc une lacune à cet endroit des *Chroniques*. Nous en trouvons la preuve dans un passage du chapitre CXIV. A propos des siéges de Villefranche et de Miramont, on y lit ces mots déjà cités : « Car oncques ses coureurs à *celle fois* n'approchèrent le Port-Saincte-Marie. » Le Port-Sainte-Marie avait donc joué un rôle à un certain moment de la campagne?

([2]) Le duc de Normandie « se tint là sur la rivière de Garonne, — dit Froissart, après avoir raconté la prise de Tonneins (dont la garnison fut renvoyée, et ramenée à Bordeaux par les soins du prince lui-même), — à tout son ost *jusques après Pasques,* qu'il se retira devers le Port-Saincte-Marie. » Pâques tombant cette année le 16 avril, ce ne fut que vers la fin du mois que le prince Jean put s'emparer de la ville.

(*a*) Allusion à la prise d'Aulnay en 1345, pendant le siége de Blaye.

mille hommes; de plus, on était en hiver, saison peu favorable à la guerre, surtout à une époque qui ne brillait ni par l'entretien des routes ni par l'approvisionnement des milices.

II

Le siége d'Aiguillon.

Le siége d'Aiguillon, qui eut lieu immédiatement après le siége de Port-Sainte-Marie, dura plus longtemps encore. Ce fut moins un siége qu'une campagne autour de la place, sorte d'épopée guerrière qui n'est pas sans ressemblance avec notre expédition de Crimée.

Commencé le 1er mai, il n'était pas encore terminé le 1er octobre (1). Mais les Français de 1854 finirent par s'emparer de Sébastopol; les Français de 1346 ne s'emparèrent point d'Aiguillon.

Ils ne s'y étaient pas épargnés cependant.

Un pont fut construit sur la Garonne (2), des navires furent

(1) « Ce siége dura jusqu'à la Saint-Rémy (1er oct.). » (*Sauvage*, vol. Ier, chap. CCXXI.)

(2) « Premièrement, les seigneurs de France regardèrent qu'ils ne » pouvaient parvenir jusques à la forteresse s'ils ne passaient la » rivière, qui estait large et profonde. Si commanda le Duc, qu'un » pont fut fait (quoy qu'il coustat) pour passer la rivière. » — Les Français venant du Port-Sainte-Marie n'avaient pas précisément besoin du pont pour arriver jusqu'à la ville, mais il leur était indispensable pour l'investir. Aiguillon, on le sait, est situé au confluent du Lot et de la Garonne. Comme Sébastopol, qui était protégé par sa rade et par la mer, Aiguillon était protégé par les deux rivières; et pour l'attaquer du côté qui regarde Bordeaux, — à l'angle du confluent, — il fallait à tout prix établir un passage sur la Garonne. Le pont du reste ne suffit pas : le rôle que jouent dans ce siége les *nefs* et les *chalans* chargés de troupes en est une preuve.

appareillés pour combattre trois *naves* anglaises (trois bâtiments) qui inquiétaient les travailleurs du pont; on fit venir de Toulouse huit des plus grands engins qui s'y trouvaient; on en fit charpenter sur les lieux quatre plus grands encore, et les douze engins se mirent à jeter dans la place d'énormes quartiers de roc.

Il y eut en même temps plusieurs escarmouches et des assauts continuels. Un jour, les Français, montés sur des chalans, parvinrent à faire tomber le pont-levis du château; une autre fois, ils mirent à profit les offres de deux maîtres ingénieurs qui leur construisirent, avec beaucoup d'art, quatre *chauffaux* (1), montés sur quatre navires, plus élevés que la forteresse et destinés à la battre du côté de l'eau.

Mais la forteresse était défendue par Gauthier de Mauny (2), le meilleur homme d'armes de l'Angleterre, le Jean Chandos de cette époque (3). Aux engins et aux *chauffaux* du duc de Normandie, messire Gauthier opposait ses propres engins, des *martinets* d'une puissance terrible, qui eurent bientôt brisé les machines ennemies, coulé ou désemparé les *chauffaux* avec les navires qui les portaient.

(1) *Chauffaux*, tours en bois à plusieurs étages, garnies de peaux fraîches.

(2) Il faut y ajouter Pembroke, qui était avec Gauthier dans la place.

(3) Si on pouvait se permettre le mot, nous dirions, en rappelant de nouveau Sébastopol, que Gauthier de Mauny fut encore le Totlében d'Aiguillon. Il y a entre les deux siéges des rapports curieux : c'est la même énergie et la même patience dans l'attaque, le même génie dans la défense. Il n'est pas jusqu'aux moyens qui ne soient les mêmes. Les Français assaillaient la place presque tous les jours, ils y faisaient brèche parfois; mais chaque fois *ceux du chastel* remettaient en bon point *ce que rompu et brisé estait,* « car ils avaient avecques eux foison d'ouvriers. » — Les Anglais avaient su également se mettre à l'abri des pierres que leur envoyaient les engins : « Ceux de la forteresse » étaient si bien guérités, qu'oncques pierre d'engin ne les greva, fors » aux tects des manoirs. » (Sauvage, vol. Ier, chap. CCXXI.)

Aux assauts, Gauthier de Mauny répondait par des sorties. Dans l'une d'elles, où Pembroke se distingua, le sire de Montmorency fut sur le point d'être fait prisonnier; dans une escarmouche qui eut lieu beaucoup plus tard, à la mi-août, un autre Français, monseigneur Philippe de Bourgogne, comte d'Artois et de Flandres, fit, au saut d'un fossé, une chute de cheval dont il mourut.

Quant à l'attaque du pont-levis par les chalans, heureuse au début [1], elle avait échoué à la fin par l'empressement des Français eux-mêmes qui s'étaient jetés tous en même temps sur ce passage étroit et sans parapet. Ils trébuchèrent, tombèrent les uns sur les autres, et finalement se noyèrent. La chaux et l'eau bouillante que les assiégés jetaient des créneaux achevèrent la déroute.

Pendant que l'on guerroyait ainsi des deux parts et que s'accomplissaient maintes prouesses stériles, de graves événements se produisaient dans le nord de la France.

Édouard III, parti d'Angleterre [2] pour venir à Bordeaux et entreprendre lui-même la campagne contre les Français, avait été obligé par les vents de débarquer sur les côtes de la Manche.

Il avait ravagé la Normandie et l'Artois, et gagné le 26 août, sur le roi Philippe, la terrible bataille de Crécy.

Il n'en fallut pas moins pour faire lever, trente-cinq jours plus tard [3], le siége d'Aiguillon. Le duc de Normandie,

[1] « Les aucuns se mirent dedans une petite nave en l'eau par des-» sous le pont, et gettèrent grans crocs et havets au dit pont levis; » puis tirèrent à eux si fort, qu'ils rompirent les chaînes de fer qui » le pont tenaient, et l'avallèrent jus par force. » *(Idem, ibidem.)*

[2] Le 25 juin 1346.

[3] Si l'on tient compte de la distance, de la difficulté des communications, du désarroi qui suivit la perte de la bataille, on comprendra que ce temps (trente à trente-cinq jours) fut à peu près nécessaire pour faire parvenir au duc de Normandie les ordres du roi de France.

rappelé par son père, partit en toute hâte, en laissant le champ libre au comte Derby, qui, en effet, ne tarda pas à se mettre en campagne.

III

Le comte Derby en Saintonge et en Poitou.

Ce ne fut point dans l'Agenais, conservé à l'Angleterre par la belle défense d'Aiguillon, mais dans la Saintonge et dans le Poitou que se porta le comte Derby (1).

A peine fut-il instruit de la levée du siége, qu'il fit son mandement à tous les écuyers et chevaliers de Gascogne qui « Anglais se tenaient. »

« Lors vinrent à Bordeaux le sire d'Albret, le sire de l'Es-
» parre, le sire de Rosam, le sire de Mucident, le sire de
» Pumiers (Pommiers), le sire de Tourton (Curton), le sire
» de Bouqueton (Biscaétan), messire Aimery de Traste (Taste)
» et plusieurs autres : et assembla le comte douze cents
» hommes d'armes, deux mille archers et trois mille
» piétons (2). »

Ils passèrent la Gironde entre Bordeaux et Blaye (vers Bourg probablement), vinrent à Mirambeau (Mirebel), s'em-

(1) Nous parlons d'après Froissart. S'il fallait s'en rapporter à une lettre attribuée au comte Derby et citée par Robert d'Avesbury, le comte aurait au contraire fait précéder sa campagne de Saintonge par une campagne en Agenais, dans laquelle il aurait pris Villeréal, ravitaillé Tonneins et Aiguillon; il serait ensuite revenu à La Réole, d'où il serait reparti huit jours après pour prendre la direction du Nord, passant par Sauveterre et Châteauneuf-sur-Charente. (Voyez la lettre dans Buchon, à la suite du chapitre CCLVII, livre Ier, partie Ire.)

(2) Éd. Sauvage, vol. Ier, chap. CXXXVI. — « *Comment le comte Derby print en Poictou plusieurs villes et chasteaux, et aussi la cité de Poictiers.* »

parèrent du château et de la ville, prirent Aulnay, Surgères et Benon [1], assaillirent sans résultats le château de Marans « à trois lieues de la Rochelle, » se dirigèrent sur Mortagne [2] qu'ils prirent *par force,* conquirent Taillebourg, — « *le pont, la ville et le chastel,* » — « occirent tous ceux qui dedans étaient, » et remplirent le pays d'un tel effroi « que tous fuyaient devant les Anglais. » Nul ne cherchait plus à défendre la contrée, sinon les chevaliers et écuyers de Saintonge, qui « se tenaient en leurs forts, » mais sans montrer la moindre disposition à venir combattre l'ennemi.

Le comte termina ses opérations en Saintonge par la prise de Saint-Jean-d'Angély, s'y reposa quatre jours et passa dans le Poitou.

Il assiégea inutilement Niort, s'empara après une assez

[1] *Benon,* place assez importante au Moyen Age, et marquée dans les cartes de Houzé. Benon est situé à trois lieues N.-N.-O. de Surgères, et à une lieue S. de Courcon.

[2] *Mortaigne-sur-Mer, en Poictou,* dit Froissart. Il pourrait s'agir ici aussi bien de Mortagne-sur-Sèvre en Vendée que de Mortagne-sur-Gironde en Saintonge. Il faut apporter une grande attention dans l'étude des Chroniques toutes les fois qu'il est question de *Mortaigne-en-Poictou.* Froissart ne distingue que bien rarement, dans ce cas, la Saintonge du Poitou; ce n'est que par un examen approfondi qu'on peut arriver à donner la préférence à l'une des deux villes et à fixer sa position. Ici, cependant, je crois que l'on peut interpréter sans crainte Mortagne-sur-Mer par Mortagne-sur-Gironde. La présence de Derby à Taillebourg, après la prise de Mortagne, justifie mon opinion. Mortagne-sur-Gironde n'est qu'à dix lieues de Taillebourg.

Il est vrai qu'avant de faire venir l'armée anglaise à Taillebourg, Froissart nous la montre à Lusignan; mais des doutes existent sur le moment de la prise de Lusignan. D'après la lettre citée par Robert d'Avesbury, le comte ne se serait rendu maître de cette ville qu'après avoir occupé Saint-Jean-d'Angély. Que la lettre soit ou non authentique, l'ordre de marche qu'elle donne est plus conforme au plan de campagne du comte Derby. C'est donc cet ordre qu'il m'a paru à propos d'adopter.

vive résistance de Saint-Mexant [1], de Lusignan [2] et de Montreuil-Bonin [3], et vint enfin devant Poitiers.

Un seul assaut, donné du côté le plus faible, lui livra la ville, mal défendue du reste par de *menues gens, peu aidables, et non experts en armes*.

Tout fut mis à feu et à sang, et plus de 700 malheureux « hommes, femmes ou petits enfants » furent tués. Le reste ne dut son salut qu'à la fuite.

Arrêtons-nous devant ces actes barbares qui terminèrent si tristement la conquête anglo-gasconne.

Ce n'est plus la guerre à peu près humaine et relativement bienveillante de l'Agenais et du Périgord, c'est une guerre sauvage qui ne procède que par égorgements. Nous sommes sur une terre franchement ennemie; aussi ne voyons-nous plus de bourgeois pris en otage et envoyés à Bordeaux; on ne fait même plus de prisonniers; c'est partout la mort, le pillage ou la destruction.

A Taillebourg, on avait occis tous ceux que l'on avait trouvés; à Saint-Mexant, la population avait été massacrée; à Montreuil-Bonin, les monnayeurs n'avaient pas eu un meilleur sort; à Lusignan, on avait brûlé la ville.

[1] Saint-Maximien dans l'édition Sauvage.

[2] Comme je l'ai dit, la prise de Lusignan est placée par Froissart entre celle de Mortagne et celle de Taillebourg. C'est le seul changement que je me sois permis de faire à l'itinéraire indiqué par le chroniqueur. (Voyez la note 2 de la page précédente.)

[3] *Monstreul-Boy-vin*, dans le texte de Sauvage. Il n'y a pas de Monstreul-Boy-vin; c'est Monstreuil-Bonnin, à trois lieues O. de Poitiers, qu'on doit lire. A l'époque où le comte Derby arriva à Montreuil, deux cents monnayeurs y forgeaient la monnaie pour le roi de France. Ce furent les seuls défenseurs de la place; ils payèrent de leur vie leur courage et leur fidélité. — Il existe en Poitou un autre Montreuil, Montreuil-Bellay, ville forte, démantelée au XVe siècle; mais Bouchet, auteur des *Annales d'Aquitaine*, s'étant prononcé pour Montreuil-Bonnin, je n'ai pas cru devoir chercher une autre explication.

A Poitiers, tous ceux qu'on put saisir furent passés au fil de l'épée.

« Si détruisirent les gens du comte plusieurs églises et y firent grand dérois. » — Le pillage et l'incendie ne cessèrent que par ordre du comte Derby, qui « sur la hart » *commanda* que « nul ne bouta le feu en église n'en maison, car il vou-» lait se tenir là dix ou douze jours. »

Le douzième jour ([1]), ainsi qu'il l'avait annoncé, le comte partit de Poitiers, « et la laissa vague, car elle n'était point » tenable, tant elle était de grand'garde. » Il reprit la route de Bordeaux. Lui et ses hommes y arrivèrent par petites journées, après avoir touché à Saint-Jean-d'Angély et revisité les forteresses qu'ils avaient conquises.

« Au département, dit l'historien du XIVe siècle, ses gens estaient tant chargés d'avoir que là (à Poitiers) ils avaient trouvé, qu'ils ne faisaient compte de draps, fors d'or et d'argent et de pennes ([2]). »

Arrivé à Bordeaux, le comte donna congé « à toutes manières de gens, » les remercia grandement de leur service, et, le carême venu, partit pour l'Angleterre, accompagné de Pembroke, de Kenford et de « grand'foison de chevaliers et écuyers qui avec eux avaient la mer passée ([3]). »

([1]) Buchon fixe, d'après R. d'Avesbury, la prise de Poitiers au 4 octobre 1346. Le départ aurait donc eu lieu vers le 16, et la rentrée à Bordeaux dans les premiers jours de novembre (?) — Dans Froissart, toutes ces dates doivent être reculées d'environ un mois.

([2]) *Pennes*, velours.

([3]) Gauthier de Mauny n'était pas avec eux : il se trouvait en ce moment à Calais, où, après la levée du siége d'Aiguillon, il était venu rejoindre Édouard III, en traversant la France à l'aide d'un sauf-conduit.

CONCLUSION

I

La même année (1347), Calais fut pris par le roi Édouard. La France, épuisée par la défaite de Crécy, menacée en Poitou, dépossédée de la Saintonge, du Périgord et de l'Agenais, signa, en 1348, une trève de deux ans.

La première période de la guerre de cent ans était close. Elle n'était que le prélude de nouveaux malheurs. La France avait encore à subir Poitiers, Azincourt et le couronnement d'Henri VI, avant que le mouvement national provoqué par Jeanne-Darc vint réparer tant de défaites.

Une seule ville en France s'accrut, s'enrichit et se peupla dans ce siècle de désastres. Cette ville, malheureusement, était une ville anglaise. Bordeaux fut alors, sur le continent, la place d'armes des rois d'Angleterre. Peu d'années après le départ du comte Derby, la capitale des Gascons eut pour maître un prince (1) qui en fit, par sa cour, la ville la plus brillante de l'occident de l'Europe.

La cité des marchands de vin éclipsa sous son règne la cité des Valois, et rivalisa pendant quelques années avec Londres elle-même.

Ce qui fut pour la France un temps d'épreuve, fut pour la Guyenne et sa capitale une ère de grandeur. Par un juste retour de la fortune, lorsque la France eut repris son rang dans le monde, Bordeaux perdit le sien à son tour.

(1) Le prince de Galles, plus connu sous le nom de *Prince Noir*. Il reçut de son père, Édouard III, l'investiture de l'Aquitaine en l'an 1362.

La bataille de Castillon fut, en 1453, sa bataille de Crécy ou de Poitiers. La ville se dépeupla et s'appauvrit ; elle perdit ses meilleures industries ; son commerce presque tout entier disparut.

Il lui fallut près de trois siècles pour retrouver l'ombre de son primitif éclat.

On peut en voir aujourd'hui la preuve dans les plans qui donnent le tracé de ses vieilles enceintes. Tout ce qui est enfermé dans le périmètre indiqué par l'église Sainte-Croix, l'ancienne porte Saint-Julien, les jardins de l'abbaye Saint-André, la Porte-Dijeaux, la Tour-du-Canon et la tour Saint-Georges, appartient par l'étendue au Bordeaux du comte Derby, du prince de Galles et de Jean de Lancastre.

Ce sont encore les trois quarts du Bordeaux actuel ([1]).

II

Le récit qu'on vient de lire appartient par sa nature à l'histoire des grandes luttes qui ont ensanglanté la France du XIVe siècle ; la biographie du chef expérimenté et habile qui en fut le principal acteur n'était pas l'objet de ce travail. — Mais on ne vit pas impunément, ne fût-ce que peu de jours, de la vie d'un homme : le comte Derby reste, malgré nous, la figure dominante de ces pages. Le lecteur s'intéresse à ses aventures ; il veut connaître ce que fut d'abord, ce que devint ensuite, le vaillant capitaine dont il avait à peine soupçonné l'existence.

Voici ce que répond l'historien à cette curiosité légitime :

Le comte Derby fut le dernier représentant mâle d'une

([1]) Non compris, bien entendu, les quartiers Saint-Seurin et des Chartrons, qui sont d'anciens bourgs réunis à la cité.

maison illustre : il était fils de Henri de Lancastre *au-tort-col,* et s'appelait Henri comme son père. Il était né en 1310 et comptait à peine douze ans lorsque son oncle Thomas de Lancastre fut décapité à Pontefract.

Thomas, victime de la tyrannie des ministres d'Édouard II, fut de ce jour regardé comme un saint en Angleterre, et l'on ne parla plus que des miracles opérés sur son tombeau. Le neveu du martyr recouvra sous Édouard III la faveur que sous le roi précédent sa famille avait perdue. En 1337, à l'âge de 27 ans, il faisait dans la guerre d'Écosse ses premières armes, et recevait du roi, son cousin [1], ce titre de comte de Derby qu'il devait rendre célèbre.

La même année, à la tête de 600 hommes d'armes et de 2,000 archers, il s'emparait après un combat des plus vifs de l'île de Kadsand [2], position occupée par les Français qui commandaient ainsi l'embouchure de l'Escaut et gênaient les relations de la Grande-Bretagne avec la Flandre.

Derby, blessé dans l'action, avait été sauvé par Gauthier de Mauny, qui, toujours à ses côtés, semble, dans cette longue série de batailles et de siéges, avoir été tout autant son frère d'armes que son premier lieutenant.

De ce jour, les faits qui ont rempli l'existence de Henri de Lancastre, comte de Derby [3], s'accumulent et se pressent tellement qu'il faut, pour s'y reconnaître, les compter par années.

En 1339, il fait la guerre de Flandre en compagnie d'Édouard III, le seul homme en Angleterre qui eût un rang au dessus du sien.

En 1340, il assiste à la bataille de l'Écluse.

[1] Ils descendaient l'un et l'autre d'Henri III.

[2] *Biographie universelle* de Firmin Didot, art. *Lancastre.*

[3] Nous l'avons appelé simplement comte Derby, à l'imitation de Froissart, qui ne le désigne pas autrement et qui supprime le *de,* comme on le supprimait sans doute dans le langage familier de l'époque pour rendre la prononciation plus facile.

En 1342, il agit contre les Écossais et commande l'armée anglaise.

En 1343, le capitaine devient médiateur : il est envoyé vers le pape pour traiter de la paix, en sa présence, avec les messagers du roi Philippe [1].

La même année, il va vers le roi d'Aragon pour mettre fin aux différends de ce prince avec les Bayonnais [2].

En 1344, il est chargé des affaires de l'Aquitaine.

En 1345 et 1346, il reprend aux Français le Périgord, l'Agenais, la Saintonge, et ravage l'Aunis et le Poitou.

En 1347, il est devant Calais avec Gauthier de Mauny et le roi Édouard III; et le 27 juillet, il repousse une attaque furieuse de Philippe VI destinée à rompre le blocus de la place.

En 1349, il est de nouveau nommé capitaine et lieutenant du roi en Gascogne, où il va tirer justice de quelques rébellions restées obscures, et ouvrir une enquête sur nombre de seigneuries et de châteaux que la rapacité gasconne avait, sans droit, à force de ruse et d'importunité, obtenus du roi d'Angleterre [3].

En 1356, il est en Normandie à la tête d'une *grosse armée* et s'avance jusqu'à Laigle (dans le département de l'Orne), où le roi Jean qui marchait contre lui n'ose l'attaquer et se détourne de sa route pour aller combattre le prince de Galles [4].

En 1357, il est devant Rennes qu'il veut enlever au parti de Blois en faveur du parti de Montfort [5], et il a en face de lui une gloire naissante (Bertrand du Guesclin).

[1] *Catalogue des Rôles gascons, normands et français*, t. II.

[2] *Id. id.*

[3] Rymer, vol. III, part. I, p. 188 : « *De certiorando super donationibus excessivis in Vasconia factis.* » (28 août 1349.) — P. 189 : « *Comes Lancastriæ, capitaneus et locum regis tenens in ducatú Vasconiæ et in partibus adjacentibus constituitur.* » (28 août 1349.)

[4] Bouchet, *Annales d'Aquitaine*, p. 200.

[5] Froissart, éditions Sauvage et Buchon.

En 1359, Derby assiége Dinan, et un beau jour, sans autre garantie qu'un petit nombre d'otages, on le voit présider, sur la place même de la ville assiégée, un duel terrible entre un seigneur anglais de sa suite et messire Bertrand, le futur connétable de France. Du Guesclin terrasse l'Anglais et lui fait avouer sa félonie. Derby, qui se connaissait en courage, donne l'accolade à Bertrand, le fait dîner à sa table et chasse le chevalier félon de son armée (1).

Derby était dans toute la virilité de l'âge mûr; il n'avait alors que 49 ans. Trois années plus tard, il succombait atteint par une de ces épidémies qui, autant que les guerres, ont, sous le nom de *peste*, dépeuplé l'Europe du Moyen Age. Derby avait aidé à la paix de 1360 et amené par ses instances le roi Édouard à conclure le traité de Brétigny.

Henri de Lancastre mourut, ne laissant après lui que deux filles. Blanche, l'une d'elles, mariée à Jean de Gand (2), le frère du Prince Noir, devint la tige de la seconde maison de Lancastre, qui donna Henri IV à l'Angleterre.

La fille du comte de Derby eut elle-même une fin précoce. Froissart, qui l'avait connue, lui avait donné dans ses souvenirs et dans sa reconnaissance une part égale à celle qu'occupait la *bonne royne Philippe*. Sa voix, quand il parle d'elle, s'empreint d'une indéfinissable mélancolie :

« Madame Blanche, dit-il, madame Blanche, la très-bonne » duchesse de Lanclastre; avecques sa mère (3) madame la

(1) Guyard de Berville, *Hist. de Bert. du Guesclin*, t. I, p. 89 à 101.

(2) *Jean de Gand*, devenu par ce mariage *Jean de Lancastre* avec le titre de Duc, succéda en Guyenne au prince Noir, et séjourna assez longtemps à Bordeaux. A la mort de Blanche, il avait épousé Constance, fille du roi de Castille. En 1386, accompagné des principaux seigneurs de l'Aquitaine, il passa en Espagne pour faire valoir ses droits à la couronne. Cette guerre, qui commença par des succès, finit assez tristement : les fièvres s'emparèrent de l'armée anglaise, et obligèrent le duc de Lancastre à rentrer en Guyenne.

(3) Lisez *sa belle-mère*, mère de son mari Jean de Gand.

» royne Philippe d'Angleterre, je ne vis oncques deux meil-
» leures dames de plus noble condition, ny ne verrai ja-
» mais, et vesquis-je mille ans [1]. »

La *très bonne* duchesse, quand Froissart allait la saluer en son château de Savoye [2] ou qu'elle-même venait à Westminster visiter la mère de son époux, devait parfois se faire conteuse pour satisfaire l'insatiable curiosité du chapelain de *madame la royne*. On devine alors quel pouvait être le sujet de l'entretien et qui en était le héros.

Ceci n'est plus, si l'on veut, du ressort de l'histoire; mais une fois l'histoire finie, on aime à se figurer les personnages qui l'ont animée. Pour moi, je vois madame Blanche remémorant certains jours à ses familiers les grandes actions que son père avait accomplies; j'aime à penser que quelque chose des récits de Froissart a pu tomber de cette bouche aimable et arriver ainsi jusqu'à nous.

(1) Froissart, éd. Sauvage, t. III, p. 110.

(2) Le palais de la maison de Lancastre à Londres. Il était situé aux environs de Wellington street, sur les terrains compris entre le Strand et la Tamise. (Voyez sur le manoir de Savoye les curieux détails que donne M. Delpit. *Collection générale des Documents français qui se trouvent en Angleterre*, t. I, p. 103.)

APPENDICE

CHRONOLOGIE COMPARÉE

I

Les dates de Jehan Froissart.

J'ai dit au début de cet ouvrage que Froissart était plus qu'on ne pense un historien exact. Bien entendu, il le fut relativement au temps où il vivait, aux moyens qui lui étaient donnés de connaître l'histoire qu'il avait à écrire.

Buchon est loin de lui accorder ce mérite. Il insiste à chaque pas sur les inexactitudes et les lacunes du vieux Chroniqueur. Il est mécontent de sa géographie, plus mécontent encore de sa façon de compter les jours et les années.

Buchon a voulu réformer la chronologie aussi bien que la carte de Jehan Froissart. Le but était louable. Une discussion approfondie est le meilleur complément d'un ouvrage ; mais, autant une critique raisonnée aide à l'intelligence d'un livre, autant une critique superficielle en pervertit le sens et dénature souvent le texte qu'elle voulait éclaircir.

On a vu pour ce qui touche aux campagnes du comte Derby en Guyenne, jusqu'à quel point les remarques de l'éditeur du *Panthéon* étaient fondées, et de quelle sagacité il a fait preuve dans le *gisement* des villes et des forteresses. Le correcteur de Froissart a été, sans doute, moins malheureux en matière de dates. Là encore, cependant, il n'a point toujours apporté, à mon avis, une critique suffisante.

L'époque fixée par Froissart pour le départ du comte Derby, les mois, les années où ont eu lieu ses diverses expéditions, il n'est rien que Buchon ne conteste.

J'ai lu avec soin les notes que l'éditeur de la *Collection des chroniques françaises* a écrites ; et si dans le récit qu'on vient de lire j'ai scrupuleusement conservé la chronologie du chapelain de la « bonne royne Philippe, » c'est qu'en dépit des documents originaux qui peuvent la contredire, elle s'accorde beaucoup mieux que la chronologie de son adversaire avec les événements qu'elle doit encadrer.

Quelques mots à ce sujet compléteront mon étude :

Froissart fait arriver le comte Derby à Bayonne le 6 juin 1344 ; il fixe à la Saint-Laurent, 10 août de la même année, la bataille de Caudrot ; il fait commencer en 1345, à la mi-mai, sa chevauchée vers Sainte-Bazeille, Monségur et La Réole ; il la fait terminer à l'entrée de l'hiver, après la prise d'Angoulême et le siége, aussi long qu'infructueux, de la ville de Blaye.

Il fixe à la Noël 1345 l'assemblée à Toulouse des troupes que commandait le duc de Normandie ; il fait tomber Angoulême en sa puissance le 3 février 1346, le lendemain de la Purification ; enfin, une fois le prince revenu dans l'Agenais, il le fait rester devant Aiguillon jusqu'à la Saint-Rémy, 1er octobre 1346.

Buchon conteste toutes ces dates.

Il s'appuie, dans sa discussion, sur deux autorités : Robert d'Avesbury et l'auteur inconnu d'une chronique manuscrite qui précède les *Coutumes de Bordeaux, de Bergérac et du Bazadais* (1).

Nous allons suivre dans la plupart de ses notes le dernier éditeur de Froissart.

II

Les dates de J.-A. Buchon.

6 juin 1344. Arrivée du comte Derby à Bayonne. — Le comte Derby n'a pu arriver le 6 juin à Bayonne, « car le comte » Derby était encore le 11 juin en Angleterre ; le 11 étant la

(1) Manuscrit de Colbert. (*Bibl. imp.*, n° 1481.)

» date de l'ordre adressé par le roi Édouard à *ceux qui devaient* » *accompagner le comte*, de se rendre à Southampton, où » l'armée devait s'embarquer. » Buchon, Liv. I, Part. I, Chap. CCXVI.

Réponse. — Il est vrai que les hommes de l'expédition ne reçurent l'ordre d'embarquer que le 11 ; mais, n'eût-il pas été possible que le comte Derby fût parti avant cette époque avec un premier détachement composé de quelques-uns de ses meilleurs hommes d'armes et d'une garde d'élite ? Oui, sans doute, car on comprendrait très bien, dans cette hypothèse, qu'il eût profité de son avance sur le gros de l'armée pour visiter Bayonne, y encourager les dévouements, et y ranimer l'esprit public. Une fois sa visite terminée, il serait venu naturellement à Bordeaux, attendre le reste de ses troupes, qui, parties de Southampton le 20 juin, si l'on veut, auraient pu arriver, pour peu que le vent ne fût pas défavorable, le 25 du même mois en Guyenne (1). Rien n'aurait empêché que trois jours après, le 28, l'armée ne fût en état de se mettre en marche.

Or, c'est le 28 ou le 29 juin, d'après les indications de Froissart, que l'armée anglaise a dû partir pour le Périgord.

Si ces objections se présentent à l'esprit, c'est que l'éditeur des *Chroniques*, qui au fond est ici dans le vrai, donne des preuves incomplètes. Il n'aurait pas dû se borner à citer Robert d'Avesbury ; il aurait dû reproduire le texte même de l'ordre d'embarquement. On le trouve dans Rymer, sous ce titre : *De festinando ad partes Vasconiæ.* — Il est dit dans cette pièce, datée en effet de Westminster, 11 juin 1345 : « *Henricus de*

(1) Nous ne voudrions pas pousser le jeu trop loin ; mais il faut reconnaître que cette supposition d'une avant-garde commandée par Derby, eût servi à expliquer le voyage de Bayonne. Dans le cas contraire, on est tenté de se demander pourquoi le comte Derby, qui doit avoir hâte d'entrer en campagne, et qui peut arriver directement à Bordeaux par la Gironde, va, sans nécessité absolue, débarquer 40 ou 50 lieues plus loin, et oblige ainsi ses troupes à traverser les grandes landes avec tout leur matériel.

» *Lancastriæ* comes *Derbiæ* qui ad partes Vasconiæ est profec-
» turus equos suos pro magna parte apud Suthampton eskippavit,
» et seipsum quantum poterit versus dictas partes parat et
» festinat ([1]).

Puisque le comte Derby préparait et hâtait son départ le 11 juin, il était encore le 6 juin en Angleterre, et ne pouvait le même jour débarquer à Bayonne. Je serais assez disposé à croire que ce voyage à Bayonne n'eut pas lieu, et que le comte Derby se rendit directement à Bordeaux vers le milieu de juin. Le trajet direct admis, rien n'empêcherait qu'il ait pu se mettre en campagne dès la fin du mois.

« Il paraît même, ajoute Buchon, que son départ fut différé
» de quelques mois. Robert d'Avesbury le fixe vers la fête de
» la Saint-Michel 1345. » (29 septembre).

Avant d'aller plus loin, il est bon de remarquer que Buchon conteste, non seulement les dates, mais encore la division des événements. Il veut que la campagne du Périgord, qui dura 46 jours, et la campagne de l'Agenais, qui, l'expédition de Saintonge comprise, en dura environ 180, se soient accomplies, non en 1344 et en 1345, mais dans une seule année, dans l'an 1345, et en moins de trois mois.

On va voir dans quelles impossibilités l'éditeur de Froissart se jette.

D'après lui et Robert d'Avesbury, le comte Derby ne serait parti ni le 6 juin, ni le 11 juin 1344, mais à la Saint-Michel de l'année suivante, le 29 septembre 1345. Ainsi, du 29 septembre à l'entrée de l'hiver ([2]), c'est à dire à la mi-novembre, — à la mi-décembre, si l'on veut pousser la saison jusqu'à des limites inusitées, — le comte Derby aurait dû trouver le temps de se reposer à Bayonne sept jours, de

([1]) Rymer, vol. III, p. 44. Ann. Dom. 1345. Éd. Londini, 1823.

([2]) Derby revint en 1345 à Bordeaux comme l'hiver *approchait*. Buchon, qui conteste tout, ne conteste pas ceci. — On lit dans le texte même dont il est l'éditeur : « Et tant s'y tint (il s'agit du siége » de Blaye), que les Anglais en étaient tous hodés et lassés, car l'hiver » *approchait* durement. » (Chap. CCCXLV, p. 203.)

s'arrêter à Bordeaux quinze jours, de prendre Bergerac et douze villes en Périgord, de revenir une première fois à Bordeaux, d'en repartir bientôt après pour faire lever le siége de Caudrot, de rentrer pour la deuxième fois dans la capitale de la province, d'en repartir de nouveau pour la campagne de l'Agenais, de rester quinze jours devant Monségur, *neuf* ou *onze* semaines devant La Réole, un mois passé devant Blaye, et je ne sais combien de jours pour décider Angoulême à se rendre ! Tout cela est radicalement impossible.

Pour accomplir sa conquête, il ne fallut pas moins au comte Derby que le temps indiqué par Froissart, et encore fût-il bien employé.

D'un autre côté, les dates fournies par Rymer et le *Catalogue des Rôles gascons* (¹), semblent démontrer que ces diverses opérations appartiennent à l'année 1345.

Ceci nous amène à faire deux parts des critiques de Buchon : la première part, relative à la concentration des faits dans l'année 1345, lui donne raison ; la seconde, relative au temps employé (du 29 septembre au 15 ou au 25 décembre?), lui donne tort. Pour que les conquêtes accomplies par Derby aient pu être réalisées dans le courant de l'année 1345, il faut admettre que dès la fin de juin il se soit trouvé devant Bergerac, qu'il ait livré la bataille de Caudrot le 10 août, et qu'après un temps d'arrêt très court à Bordeaux, il soit reparti pour l'Agenais. Il faut supposer qu'au lieu d'avoir campé trois mois sous les murs de La Réole, il y ait tout au plus séjourné six semaines. Il faut réduire de même le temps passé devant Monségur et devant Blaye, et admettre enfin qu'au lieu de ren-

(¹) On trouve dans le *Catalogue des Rôles gascons* l'intitulé suivant : « De constituendo Henricum de Lancastriæ, comitem Derbiœ, locum » tenentem Regis in ducatu Aquitaniæ et partibus adjacentibus. Teste » Rege apud Westminster, 19 die maii 1345. » (T. I, p. 135.) On trouve dans *Rymer* celui-ci : « De protectione pro Henrico de Lancastriæ et » pro illis qui in comitiva sua, in obsequium Regis, ad partes trans- » marinas profecturi sunt. » Suit une longue liste de chevaliers. (*Acta fœdera*, t. III, p. 226. Londini, 1823.)

trer à Bordeaux l'hiver *approchant*, il y rentra l'hiver commencé.

Voilà, pour mettre d'accord la vraisemblance, Froissart et les documents originaux, comment durent se produire les faits.

Cependant, il ne serait pas absolument impossible, bien que Rymer et les *Rôles Gascons* n'en disent rien, qu'il y eût eu en 1344 une première expédition opérée par Derby. Je trouve dans le *Catalogue des Rôles* rédigé par Thomas Carte, t. I, p. 115, quatre articles ainsi conçus :

« An. Dom. 1344. De potestate commissa comitibus de » *Derby* et *Arundell* ad tractandum cum nobilibus et aliis » cujuscumque regni, de ligis et amicitiis. Data apud *Turrim de* » *London*, 24 die marti.

» Pro eisdem de concessionibus castrorum et terrarum in » ducatu *Aquitaniæ*, excessivis revocandis, et capiendis eadem » in manus regis. Data ut suprâ.

» Pro eisdem super regimine ducatûs Aquitaniæ eis commisso. » Data ut suprâ.

» De intendendo predictis locumtenentibus. Data ut suprâ. »

Il en résulte que Derby était déjà, en 1344, l'un des lieutenants du roi en Aquitaine. Il aurait donc pu se faire, à la rigueur, que, chargé des affaires relatives à cette province, il fût venu dans le pays une première fois à la tête d'un petit corps de troupes, et, qu'aidé des Gascons restés fidèles au roi Édouard, il eût entrepris la chevauchée du Périgord. Rentré après la campagne en Angleterre, il serait, l'année suivante, au mois de juin 1345, revenu à Bordeaux avec le titre de général en chef. A la tête d'une armée anglaise organisée et de forces plus considérables, il aurait accompli la campagne autrement difficile qui le conduisit successivement devant Monségur, La Réole, Monhurt, Angoulême, Blaye, Mirambeau et Aulnay.

Sans doute ce ne sont que des hypothèses, mais il était bon de les mettre en avant pour faire voir que la question des deux années ne doit pas être résolue sans un examen sérieux.

Continuons :

Buchon, qui s'appuie, comme on sait, sur deux autorités :

Robert d'Avesbury et le chroniqueur anonyme des *Coutumes de Bordeaux, de Bergerac et du Bazadais*, ne s'aperçoit pas qu'il contredit parfois la première de ces autorités à l'aide de la seconde.

« Le comte Derby, dit-il dans une note, Liv. I, Chap. CCXXI,
» prit possession de Bergerac le 26 août, jour de la Saint-
» Barthélemy 1345, suivant une chronique manuscrite qui est
» à la tête des *Coutumes de Bordeaux, de Bergerac et du*
» *Bazadais*. »

Mais, d'après Robert d'Avesbury, le comte Derby ne serait parti d'Angoulême qu'à la Saint-Michel, le 29 septembre ! Comment peut-il se faire qu'il ait pris Bergerac le 26 août? — Ou Robert ou le manuscrit se trompent? Vous oubliez de nous dire lequel des deux.

Bataille de Caudrot, le 10 août 1344. — « J'ai remarqué
» précédemment que Froissart a ignoré l'année de cette guerre,
» et qu'on doit en rapporter les événements à l'année 1345.
» Il n'est pas plus exact pour les dates du mois et du jour de
» la bataille d'Auberoche. Les autres historiens les placent
» unanimement au mois d'octobre. G. Villani dit qu'elle se
» donna le 21 de ce mois; mais l'auteur d'une chronique
» manuscrite déjà citée, la fixe au 23 octobre, fête de saint
» Séverin (1). Le témoignage de cet auteur, comme plus voisin
» des lieux dont il s'agit, paraît mériter la préférence. » (Buchon, Chap. CCXXX, Liv. I, Part. I).

Réponse. — Le chroniqueur inconnu qui a enrichi de ces détails les *Coutumes de Bordeaux*, etc., inspire à Buchon une confiance sans borne; il nous en inspire une moins grande. Voilà, en effet, un homme soi-disant du pays, « un voisin; » il ne devrait rien ignorer des grands événements arrivés dans le Bordelais, à quelques lieues à peine de Bordeaux;

(1) La fête de saint Séverin ou saint Seurin est le 21 octobre et non le 23. Ainsi, l'auteur de la Chronique placée en tête des *Coutumes bordelaises* n'a fait que répéter ce qu'a dit Villani. Tous les autres historiens dont parle mais que ne désigne point Buchon, n'ont pas agi différemment. C'est là ce qui explique leur unanimité.

et cependant, il commet l'erreur commune à tous les historiens. Lui aussi écrit Auberoche pour Caudrot; et Caudrot, cependant, n'est pas douteux. S'il n'a pas connu le vrai nom et le vrai lieu de la bataille, il est bien à craindre qu'il n'ait pas connu davantage le jour où elle s'est réellement donnée. Du reste, il est ici encore en contradiction avec Robert d'Avesbury. Le comte Derby, parti d'Angleterre le 29 septembre, ne pouvait s'être arrêté vingt-deux jours tant à Bayonne qu'à Bordeaux; avoir fait toute la campagne du Périgord, et se trouver le 21 octobre devant Caudrot. (Voyez, pour Villani, la note de la page précédente).

Une dernière citation pour finir :

Levée du siége d'Aiguillon à la Saint-Rémy 1346 (1er octobre). — « Froissart exagère la durée de ce siége; une lettre du » comte Derby, conservée par Robert d'Avesbury, fixe la levée » au dimanche 20 août 1346. » (Buchon, Chap. CCLVII). — Suit la lettre attribuée au comte Derby.

Réponse. — Dans une première annotation qu'on trouvera dans notre récit page 66, nous avons déjà dit quelques mots de cette lettre. Ce document fixe la levée du siége d'Aiguillon aux environs de la saint Barthélemy, « un certain dimanche avant. » Il ne serait donc pas impossible que Froissart se fût trompé.

Prenons garde toutefois. La question est loin d'être résolue; car, si nous y regardons de près, nous verrons qu'ici encore la vraisemblance est du côté de Froissart.

Cette prétendue lettre du comte Derby présente, pour peu qu'on l'étudie, de singuliers caractères.

Buchon en a fait l'analyse.

Citons d'abord l'analyse; les objections se présenteront ensuite d'elles-mêmes.

III

La lettre du comte Derby.

Campagne du comte Derby en Saintonge et en Poitou. — « La » lettre du comte Derby fait apercevoir plusieurs erreurs dans » ce récit : 1° le comte était, non à Bordeaux, mais à La Réole, » avec une partie de ses troupes, vers la fin du siége d'Aiguillon ; » 2° il n'attendit point pour réunir ses forces que ce siége fût » levé : elles étaient rassemblées plusieurs jours auparavant ; » 3° ce fut aux environs de Bergerac et non à Bordeaux qu'il » indiqua le rendez-vous de l'armée ; 4° avant d'aller en Sain- » tonge, il se rendit en Agenais, rafraîchit de troupes Villeréal, » Tonneins et Aiguillon, et retourna à La Réole. Il y divisa son » armée en trois corps : en laissa deux pour la tranquillité du » pays, et entra le 12 septembre en Saintonge avec le troisième, » composé de 1,000 hommes d'armes. » (Buchon, Chap. CCCI, p. 249.)

Réponse. — Nous en sommes fâchés pour le comte Derby ; mais lui, qui s'est montré jusqu'à présent si habile et si expérimenté capitaine, nous paraît s'engager dans une série de fautes qu'un simple *coutillier* de son armée n'aurait pas commises.

Puisque le siége d'Aiguillon avait, d'après lui, ou plutôt d'après la lettre qu'on lui attribue, été levé le dimanche avant la Saint-Barthélemy (le 20 août), il ne pouvait avoir connaissance de l'échec subi le 26 août par les Français à la bataille de Crécy. La puissante armée qui assiégeait Aiguillon, devait avoir à ses yeux tout son prestige ; et lui qui, en prudent général, était resté toute la belle saison à Bordeaux, tant il se sentait inférieur à cette armée, nous paraît bien téméraire de venir ainsi, *vers la fin du siége,* parader à La Réole, à quelques lieues à peine des cent mille hommes du duc de Normandie.

Autre inconséquence. Plus tard, à la veille de passer en Poitou, lorsqu'il doit connaître les résultats de Crécy, puisqu'il n'entre en campagne que le 12 septembre ([1]), que fait-il? — Il partage son armée en trois corps. Dans l'Agenais, où le siége d'Aiguillon vient d'être levé, où il sait qu'il n'a plus rien à craindre puisque le duc de Normandie en est parti, ou va en partir, il laisse deux de ses corps; et pour la conquête du Poitou, pour un pays occupé encore par les Français, où il pouvait rencontrer une résistance sérieuse, formidable même, — car il n'était pas impossible qu'une partie de l'armée d'Aiguillon s'y portât, — il se contente de la troisième troupe, composée de mille hommes d'armes.

Buchon, qui se montre si empressé à corriger ses auteurs, aurait dû, ce semble, relever ce qu'avait d'anormal une pareille tactique.

Sans nous prononcer autrement sur la lettre du comte Derby et pour en revenir à la date fixée par Froissart, nous dirons que si le chroniqueur de Valenciennes n'est pas dans la vérité, il n'est point, dans tous les cas, hors de la raison.

Ce qu'il dit s'accorde parfaitement avec le caractère de son histoire et le tempérament des hommes dont il a écrit la vie.

De la prise d'Aiguillon dépendait la domination des Valois dans une moitié du Midi de la France. La prise d'Aiguillon était donc une affaire capitale. La vivacité de l'attaque, l'acharnement de la défense, les moyens qui furent déployés des deux parts, en seraient à eux seuls une preuve.

Je comprends le roi Philippe rappelant son fils et lui donnant l'ordre de lever le siége, après le désastre de Crécy; je ne comprends pas l'ordre et le rappel avant cette fatale journée.

Remarquons que Froissart est, à ce sujet, très explicite; ce fut après la bataille que le prince Jean fut rappelé par son père.

« Assez tost après cette aventure (la chute de Philippe de » Bourgogne, au siége d'Aiguillon) et le trépas de Messire

([1]) Par la voie de mer que les Anglais avaient à leur disposition, la nouvelle ne dut pas mettre plus de quinze jours pour arriver à Derby. Veut-on qu'il ignorât les résultats de Crécy? il ne devait alors aller ni en Saintonge ni en Poitou.

» Philippe, les nouvelles vinrent à l'ost de la déconfiture de
» Crécy, et remandait le roi Philippe, son fils, le duc de
» Normandie [1]. »

Et plus loin, dans la lettre où « l'infortuné roi de France » racontait la triste nouvelle :

« Et encore lui signifiait-il clairement le grand dommage des
» nobles et prochains de son sang, qui demeurés étaient à
» Crécy. »

IV

Robert d'Avesbury.

Buchon cite trop souvent Robert d'Avesbury pour que nous n'ayons pas intérêt à le connaître :

« On ne sait rien de sa vie, dit la *Biographie générale* de Firmin Didot, si ce n'est qu'il était archiviste du siége archi-épiscopal de Cantorbéry. Il s'était proposé d'écrire l'histoire du règne d'Édouard III; mais son ouvrage, intitulé : *Mirabilia gesta magnifici regis Angliæ, domini Edwardi tertii*, s'arrête à l'année 1356 [2]. C'est un simple récit des faits, entremêlés de documents originaux, d'extraits ou copies de lettres. Cet

(1) Éd. Buchon, liv. I, Part. I, chap. CCXCVIII, p. 246.

Nota. — Mary-Lafon, l'auteur de l'*Histoire politique, religieuse et littéraire du Midi de la France*, qui a eu connaissance de l'ouvrage de Robert d'Avesbury, car il le cite souvent, adopte néanmoins la version de Froissart quant à la levée du siége : « Cette multitude, dit-il, en parlant de l'armée française réunie sous les murs d'Aiguillon, s'y morfondit quatre mois, et se dispersa comme une nuée de sauterelles *au bruit de la défaite de Crécy.* » (*Histoire du Midi de la France*, t. III, p. 123.)

Le même auteur rappelle qu'on essaya le canon, pour la première fois, au siége d'Aiguillon.

(2) C'est pour cela sans doute que la *Biographie générale* croit pouvoir fixer à quatre ans plus tard la mort de l'auteur des *Mirabilia gesta.* « Robert d'Avesbury, dit-elle, chroniqueur anglais, mort vers 1360. »

ouvrage fut imprimé par Hearne, Oxford, 1720, sur un manuscrit qui avait appartenu à Sir Thomas Seabright. »

« Robert d'Avesbury, dit à son tour l'éditeur du *Panthéon littéraire*, garde des registres de la cour de Canterbury, a écrit l'histoire d'Édouard III, *dont il paraît avoir été contemporain* (1). »

Ainsi, *on ne sait rien* de la vie de Robert, qui, d'après Buchon lui-même, a été un contemporain douteux du roi Édouard.

Froissart fut, au contraire, un contemporain très positif. Il faisait partie de la Maison royale d'Angleterre comme chapelain de la reine Philippe de Hainaut. Il vécut longtemps à Londres ou à Windsor, dans l'intimité même des personnages dont il a conté les guerres.

Nous ne voulons pas pousser plus loin ce parallèle, et la discussion nous paraît close.

Le lecteur a eu les pièces et les autorités sous les yeux. Il connaît les deux chronologies; c'est lui seul maintenant que Froissart veut pour juge.

(1) Buchon, liv, I, Part. I, chap. XVIII, p. 13.

PIÈCES JUSTIFICATIVES

Itinéraire du comte Derby en 1344

EN PÉRIGORD

	Lieues.		Lieues.
De Bordeaux à Moncuq..........	18 1/2	De Ponteiraud à Beaumont.......	15 1/2
» Moncuq à Bergerac...........	2	» Beaumont à Montagrier.........	15
» Bergerac à Lanquais..........	4	» Montagrier à L'Isle...........	1
» Lanquais à Villeréal..........	4	» L'Isle à Bonneval.............	16
» Villeréal à Madauran..........	9	» Bonneval à Bourdeilles........	15 1/2
» Madauran à La Mongie........	4 1/2	» Bourdeilles à Périgueux.......	5
» La Mongie à Paunat...........	5	» Périgueux à Pellegrue........	17 1/2
» Paunat à Lalinde.............	4	» Pellegrue à Caudrot..........	6
» Lalinde à La Force...........	7	» Caudrot à Libourne...........	9
» La Force à Ponteiraud........	9	» Libourne à Bordeaux..........	6 1/2

TOTAL des lieues : 174

Trajet supplémentaire pour la levée du siége de Caudrot

De Bordeaux à Libourne..........	6 1/2
» Libourne à Caudrot...........	9
» Caudrot à Bordeaux..........	10 1/2

TOTAL GÉNÉRAL des lieues en Périgord : **200**

NOTA. Les distances ont été calculées en lieues kilométriques de 28 1/2 au degré.

Itinéraire du comte Derby en 1345

EN AGENAIS

	Lieues.		Lieues.
De Bordeaux à Bergerac..........	20	De La Réole à Montpezat.........	12
» Bergerac à Sainte-Bazeille....	12	» Montpezat à Monhurt..........	5
» Sainte-Bazeille à Meilhan.....	2	» Monhurt à Villefranche........	2
» Meilhan à Monségur...........	4	» Villefranche à Miramont.......	3 1/2
» Monségur à Aiguillon........	10 1/2	» Miramont à Tonneins..........	3
» Aiguillon à Castel-Sagrat......	12 1/2	» Tonneins à Damazan..........	3
» Castel-Sagrat (1) à La Réole...	21 1/2		

Total des lieues : 111

---

(1) NOTA. Si, au lieu de l'itinéraire par *Castel-Sagrat*, on adoptait la variante par *Ségalas*, les distances étant celles-ci :

De Aiguillon à Ségalas.......	9
» Ségalas à La Réole.......	10 1/2

on aurait 14 lieues et 1/2 en moins ; ce qui réduirait à 96 lieues 1/2 le total de l'Agenais, et à 225 lieues 1/2 le total général pour l'an 1345.

EN SAINTONGE

	Lieues.		Lieues.
De Damazan à La Réole (?)......	10	De Mortagne à Mirambeau........	5
» La Réole à Angoulême	30	» Mirambeau à Aulnay..........	19
» Angoulême à Blaye...........	21 1/2	» Aulnay à Blaye...............	25
» Blaye à Mortagne............	9 1/2	» Blaye à Bordeaux............	9

TOTAL GÉNÉRAL des lieues en Agenais et en Saintonge : **240**

Itinéraire du comte Derby en 1346

EN SAINTONGE ET POITOU

	Lieues.		Lieues.
De Bordeaux à Bourg (?)..........	6	De Mortagne à Taillebourg........	11
» Bourg à Mirambeau...........	9	» Taillebourg à St-Jean d'Angély.	3
» Mirambeau à Aulnay.	19	» Saint-Jean d'Angély à Niort....	11
» Aulnay à Surgères...........	8	» Niort à Saint Maixant..........	6
» Surgères à Benon............	3	» Saint-Maixant à Lusignan......	6
» Benon à Marans..............	5	» Lusignan à Montreuil-Bonnin..	3
» Marans à Mortagne...........	23	» Montreuil-Bonnin à Poitiers...	3

TOTAL des lieues : 116.

De Poitiers à Bordeaux, en passant par Montreuil-Bonnin, Lusignan, Saint-Maixant, Niort, Saint-Jean d'Angély, Mirambeau et Bourg (?)........................ 60

TOTAL GÉNÉRAL des lieues en Saintonge et en Poitou : **176**

TABLE

Campagne de 1345.

Campagne de 1346.

Conclusion

APPENDICE.

Chronologie comparée.

Pièces justificatives.

ERRATA.

Page 6, ligne 5e, au lieu de... *ou vit*, lisez : *en vit*.

Page 85, ligne 11e, au lieu de... *parti d'Angoulême*, lisez : *parti d'Angleterre*.

EN PRÉPARATION :

L'HISTOIRE
DE LA
CONQUÊTE DE LA GUYENNE
PAR LES FRANÇAIS

SES ANTÉCÉDENTS, SES EFFETS ET SES SUITES

PAR

HENRY RIBADIEU

Voici, autant qu'il est possible de le tracer en aussi peu de mots, le programme de ce travail, destiné à faire connaître les vicissitudes d'un peuple, qui dut, aux rivalités de la France et de l'Angleterre, de jouir d'une liberté inconnue au Moyen Age ; qui fut grand alors que la France était faible, et qui, par une des conditions de son étrange fortune, tomba dans la sujétion et dans la misère lorsque la France eut au contraire pris son rang dans le monde.

Ire PARTIE : **l'Aquitaine avant la conquête.** — Génie indépendant des Aquitains; domination passagère de Clovis, Pepin et Charlemagne. Soulèvement des Gascons; leur haine héréditaire contre les Francs. — Waïfre, Hunald, Bertrand de Born, Éléonore de Guyenne, etc. — Rôle des Gascons au Moyen Age; leurs incursions dans le royaume de France. — Extension du commerce et de l'industrie dans les villes maritimes. — Concessions des rois d'Angleterre aux Aquitains; développement des libertés et franchises municipales. — Attachement des bourgeois et des marchands de Bordeaux à la domination anglaise; caractère démocratique de leurs institutions. — Phénomène d'une république, issue des prétentions de deux couronnes au même territoire. — Politique des rois de France envers l'Aquitaine. 1re Période : guerres de Louis VIII, de Louis IX, de Philippe *le Bel* et de Charles *le Bel* pour établir leur droit de suzeraineté. — 2e Période : guerres de Philippe VI, de Jean, de Charles V et du duc d'Anjou dans un but de défense nationale ou d'accroissement de territoire. — Politique des seigneurs gascons; fidélité intéressée des uns, mobilité calculée des autres. — Rôle opposé des barons de la

Basse-Guyenne, qui restent attachés à la domination anglaise, et des barons du Haut-Pays, qui cèdent aux offres brillantes des rois de France.

IIe Partie : **l'Aquitaine pendant l'invasion**. — Vues de Charles VII sur l'Aquitaine; les prétentions des rois d'Angleterre, à l'hérédité de la couronne, conduisent Charles à les expulser du territoire et à conquérir définitivement la Guyenne. — Expéditions de Charles VII ou de ses généraux en 1442, 1450 et 1451. — Prises de Tartas, Dax et La Réole; combat de Saint-Loubès. — Prise de Bergerac; bataille de la *male journade* aux portes de Bordeaux. — Siége de Blaye; prise de Blaye, Bourg, Libourne et Saint-Émilion; siége de Fronsac; capitulation de Bordeaux et de Bayonne. — Diplomatie des Gascons; importance qu'ils attachent aux clauses du traité qui garantit leurs franchises municipales. — Violation du traité par les Français; insurrection de l'Aquitaine; arrivée de Talbot (1452); expulsion des Français. — Nouvelle invasion de la Guyenne par Charles VII. — — Bataille de Castillon (1453); dévastation du Médoc par les Français; prises de Blanquefort et de Cadillac. — Siége et reddition de Bordeaux. — Soumission définitive de la province; constitution de l'unité territoriale.

IIIe Partie : **l'Aquitaine sous la domination française**. — Dureté du régime nouveau; exil et dépossession des principaux citoyens; suppression des priviléges, libertés et franchises; établissement des taxes et des corvées. — Décadence de la ville de Bordeaux; perte du marché anglais pour les vins; ruine de la province; désertion de ses habitants. — Persécutions contre les partisans de l'ancien état de choses. (Exécution du sire de Lesparre; épreuves de l'archevêque Pey-Berland; son expulsion du siége épiscopal et sa démission forcée. — Démêlés des prêtres *gascons* du chapitre Saint-André et de l'archevêque *français*, successeur de Pey-Berland). — Légère réaction du règne de Louis XI. — Charles, dernier duc de Guyenne; ses velléités de former un état indépendant; sa mort mystérieuse. — Forme que prend avec les siècles l'hostilité des Gascons contre leurs dominateurs. (Soulèvement de 1548. — Sédition de 1635. — Troubles de la Fronde; la faction des Ormistes. — Révolte de 1675.) — Modification de l'esprit public au XVIIIe siècle; permanence de l'antagonisme au point de vue des intérêts et des aspirations. Résistance des jurats de Bordeaux aux vues de l'intendant de Tourny. — Le fédéralisme des Girondins sous la Révolution française; l'agitation libre échangiste, et la décentralisation au XIXe siècle. — Conclusion.

On souscrit à l'ouvrage à Bordeaux, rue Gouvion, 20. Le nom des souscripteurs sera publié à la fin du volume.

BIBLIOTHEQUE NATIONALE DE FRANCE
3 7531 00292233 5